전세를 뒤집는 약자의 병법

깨달아라

다카하시 히데미네 지음 | 허강 옮김

어바웃북

| 추천의 글 | 희망의 파울볼   6

1이닝

실책도 전략이다   11
영 어설픈 야수들   12
방심이냐 무시냐   17
하이-리턴, 노-리스크   24
그들에게 '투수'란   26
예외 없는 전제   30

2이닝

지지 않으려면 논리적으로   39
야구 놀이? 야구 논리!   40
차가워져야 할 때, 뜨거워져야 할 때   45
순간을 만끽하는 아이들   50
못하는 자에게도 긍지는 있다!   55
사인대로? 마음 내키는 대로 해!   61
전화위복   64

3이닝

그들은 여전히 뭔가를 기다리고 있다   69
기다린다는 것과 늦어진다는 것   70
문과는 수비, 이과는 공격   77
미혹을 떨쳐 버리다   86

4이닝

고시엔, 그 설렘   95
약자의 병법   96
위대한 낭비   103
번트는 대지 않는다   108
닥치고 풀 스윙   115

5이닝

가설은 검증하라   121
의지에 관한 단상   122
실험과 연구   128
과제는 바로바로 해결한다   133
올 테면 와라!   141

6이닝 '자부심'이라는 필요충분조건 149

집중력 플러스 시야 149

주전은 0명 152

안달하는 에너지 157

좋아하는 것과 잘 하는 것 162

보는 쪽의 논리 168

자부심이란 노력에서 비롯하는 것 173

7이닝 북새통 커뮤니케이션 179

걸신들린 척 180

충분한 성취감 184

서로 통한다는 것 190

재능과 노력 194

언제 스타트를 끊을 것인가 201

8이닝 나는? 내가! 207

상식을 뒤집다 208

야구도 진학도 단판 승부 213

가능성의 가능성 221

나 아니면 안 돼 228

9이닝 끝나기 전까진 끝난 게 아니다 235

고시엔이 눈앞에 237

어느새 시합이! 241

끝나지 않았다! 245

| 에필로그 | 볼넷? 이건 뭐죠? 248

| 옮긴이의 글 | 무엇을, 왜, 어떻게 배울 것인가? 251

희망의 파울볼

"야구! 정말 모르겠네요."

야구 중계에서 해설가들이 종종 던지는 코멘트다. 어느 한 편이 (조금 과장해서 말하면) 핸드볼에서나 나올법한 엄청난 점수 차로 시종일관 리드하다가 9회에 아웃 카운트 하나 남기고 전세가 뒤집히는 일들이 야구 경기에서는 심심찮게 벌어진다. 드라마 대본이라고 하기에도 터무니없을 만큼 비현실적인 승부가 야구장에서는 아무렇지도 않은 듯 버젓이 일어나는 것이다.

야구공과 방망이야말로 믿기지 않는 승부를 가능하게 하는 일등공신이다. 농구나 축구에 비해 야구공은 작고 움직임이 빠르다. 손발로 직접 공격하지 않고 길고 단단한 방망이로 타격한다. 방망이가 끼어들고 작은 공이 빠른 속도로 날아다니기 때문에 야구 경기는 변화무쌍하다. 이처럼 야구는 작고 단단한 공을 표면이 둥근 방망으로 쳐내는 스포츠다. 테니스나 탁구는 평면의 라켓이 둥근 공을 치지만, 야구에서는 둥근 면과 둥근 면이 서로 만나야 비로소 승부가 갈린다. 단단하고 둥근

성질의 것이 상상을 초월할 만큼 빠르고 강력하게 부딪치는 물리 현상의 궤적을 미리 예측해내는 것은 불가능하다. 공이 방망이에 맞을지 조차 가늠이 안 되지만, 설사 맞았다고 하더라도 그것이 어디로 날아갈지 종잡을 수가 없다. 아주 조금만 어긋나도 전혀 다른 쪽으로 날아가 버리기 때문이다. 그리고 그 '미묘한 차이'에서 승부가 갈리곤 한다. 바로 '야구의 묘미'이기도 하다.

폭넓게 대면할 수 없는 야구공과 방망이의 숙명 탓에 수없이 양산되는 게 파울볼이다. 파울(foul)이란 말 그대로 규칙을 어기는 '위반'을 뜻한다. 굳이 따지자면 페어(fair)의 반대말이다. 그런데 야구에서 파울볼은 규칙을 어기는 '위반'으로서의 의미하고는 거리가 있다. 야구에서 파울볼이 어떤 연유로 '파울'이란 개념상의 누명을 쓰게 되었는지 모르겠지만, 아무튼 좀 억울한 것만은 사실이다.

이를테면 야구에서 파울볼은 승리의 가능성을 이어가는 질긴 끈과도 같은 것이다. 야구 규칙을 아는 사람들에게는 굳이 설명할 필요조차 없겠지만, 두 번의 스트라이크 이후에도 타자가 계속해서 타석에 서 있을 수 있는 방법은 단 하나! 끝없이 파울볼을 쳐내는 것이다. 파울볼은 열 번이든 스무 번이든 심지어 백 번이든, 무한대로 유효하다. 파울볼을 징그럽도록 많이 쳐낼수록 상대팀 투수의 투구 수를 늘려 결국 강판시켜버리기도 한다. 파울볼이야말로 투수들에게는 치명적인 타격법인 것이다. 또한 파울볼은 더그아웃의 감독도 어떻게 할 수 없는 타자 고유의 전술이기도 하다.

책을 시작하면서 장황하게 파울볼 얘기를 늘어놓는 이유는, 이야기의 주인공인 가이세이고등학교 야구부의 정체성을 규명하는 말 중에 파울볼만큼 적절한 단어가 없을 것 같다는 생각이 들었기 때문이다.

이 책은 30년 넘게 도쿄대학 합격률 1위를 단 한 번도 놓치지 않은 입시 최고 명문고 공부벌레들의 고시엔 도전기를 그들의 곁에서 수년 동안 지켜보며 기록한 논픽션이다. 그런데 공부벌레들의 야구 대회 도전기가 수년에 걸쳐 취재할 만큼 의미가 있는 걸까? 공부 잘하는 모범생들이 스포츠 같은 것에 도전하는 건전한 일탈(!) 모험담은 이미 닳고 닳은 소재가 아닐까? 그것이 허구가 아닌 사실에 기초한 논픽션이라 해도 말이다. 필자는 이런 일련의 불리한 상황들로 인해 취재를 하고 글을 쓰는 내내 회의에 빠지기도 하고 중도에 포기할까 심각하게 고민도 했다. 그럼에도 불구하고 이렇게 책으로까지 결실을 맺게 한 원동력은 도대체 뭘까 하고 생각해보니, 그건 다름 아닌 파울볼에 담긴 가이세이고 야구부만의 독특한 가치관 때문이었다.

공부 말고 할 줄 아는 게 없는 샌님들이 포기하지 않고 도전에 도전을 거듭해온 것은, 예사롭지 않은 그들의 '공격본능'에서 비롯한다. 아오키 감독을 비롯해 가이세이고 야구부원들의 목표는 실은 고시엔 본선 진출이 아니다. 그들의 목표는 우승 후보 0순위 팀 투수들을 모조리 두들겨 강판시키는 것이다. 승리를 위한 그들만의 전략은 단 하나! 무조건 풀 스윙이다. 연습 경기든 본 경기든, 5회가 채 끝나기도 전에 상대팀에게 10점이나 내줘 번번이 콜드게임으로 지곤 하지만, 그들의 풀

스윙은 조금도 주눅 들지 않는다. 심지어 허공만 가르던 방망이가 서서히 파울팁을 치기 시작하더니 어느새 내야 관중석 멀리까지 날아가는 큼지막한 파울홈런도 서슴없이 쳐낸다.

아오키 감독은 선수들에게 방망이 한 번 제대로 휘두르지 못하고 볼넷으로 걸어 나가느니 풀 스윙으로 파울볼 열 개 치고 삼진아웃 당하는 게 차라리 낫다고 못 박는다. 파울볼이야말로 다음 타석에서 폭발을 암시하는 단초이자 공격본능의 시초라는 것이다.

따지고 보면 우리의 일상도 크게 다르지 않다. 삼진아웃이 두려워 평생 풀 스윙을 하지 못하며 하루하루 숨죽이며 소극적으로 살아간다. 결국 무슨 일이든 시작도 해보지 못하고 끝나고 마는 것이다. 일터에서건 학교에서건 어제까지 계속해서 파울볼만 치다 결국 삼진아웃을 당했다면, 오늘은 뭔가 터트릴 확률이 어제보다 훨씬 높아지는 게 세상이치가 아닐까? 힘차게 풀 스윙을 하지 않고서는 지금 이 상황을 뒤집을 수가 없다.

내일 홈런을 치고 싶다면 오늘은 파울볼을 쳐야 한다. 오늘 친 파울볼이 내일 칠 홈런과 굳이 차이가 있다면 그건 단 하나! '방향' 뿐이다. 그 미묘한 차이는, 9회말 투아웃 풀카운트에서 극복될지도 모른다. 그것을 절실히 원한다면 말이다. 그렇게 끝나기 전까진 끝난 게 아니다. 그게 바로 야구이고 인생이다.

한국비즈니스정보 대표
강철호

1of1

실책도 전략이다

　　　　　　　　새삼스런 말이지만, 사실 야구란 게
위험한 스포츠다. 납 같은 중금속이라도 들어가 있는지 무겁고 단단한
공이 눈 깜짝할 사이에 빠르게 날아간다. '쌩~'하는 소리가 들릴라치면
벌써 눈앞이다. 그 공에 맞기라도 하면 부상은 물론이거니와 자칫하면
목숨을 잃을 수도 있다. 그렇다면 야구공이 오기라도 하면 피하는 것이
자연스럽지, 공을 잡는다는 건 애당초 부자연스러운 일이다.

"위쪽입니다!"

　　학생들이 운동장이 떠나갈 듯 소리를 질렀다. 나는 무심코 몸을 움찔
했다. 타구가 공중에서 떨어진다는 경고의 소리였다. 그대로 위를 올려
다본다면 공이 얼굴로 날아들 게 분명했기 때문이다. 그런데 보려고 해
도 공은 보이지 않았다. 그렇다고 도망치거나 달아나지도 못한 나는 그
자리에서 몸을 바싹 움츠렸다. 공이 무섭기도 했지만 가만히 있자니 마
치 공에 맞기를 기다리는 것 같기도 했다. 게다가 이 자세는 왠지 타격
폼과도 비슷한 것 같기도 하고……

영 어설픈 야수들

가이세이고등학교(학교법인 가이세이학원)는 해마다 200명에 가까운 학생을 도쿄대학에 합격시키는 일본에서 가장 잘 나가는 입시 명문 고등학교다. 이 학교는 1871년에 처음 문을 열었다. 나라의 근대화를 담당할 인재를 육성할 목적으로 개교한 공립학교가 가이세이고의 전신이다. 당시 〈개정공립학교제규칙〉(1880)를 보면 다음과 같은 내용이 있다.

"본교는 오로지 도쿄대학 예과 입학만을 위해 필요한 과목을 가르치는 곳이다."

말하자면 가이세이고는 개교 때부터 도쿄대학 진학을 위해 세워진 학교로, 그 전통이 지금까지 이어져오고 있는 것이다. 그렇다고 하더라도 "가이세이고의 교육 목적이 오로지 명문대학에 진학을 많이 시키는 것만은 아니다"(무토 토시로, 가이세이 학원재단 이사장 겸 교장, 『펜과 칼의 깃발 아래』, 개성학원(開成學院) 2013). 가이세이고는 입시체제로만 운영되지는 않는다. 도쿄대학에 진학했던 이 학교 졸업생들에게서도 확인해보았는데, 그들 역시 그렇게까지 공부를 열심히 하지는 않았다고 한다.

어쨌거나 가이세이고 아이들은, 가이세이중학교에 입학할 때에도 입시학원 등에서 "뭐든 잘하니까", "뭐랄까 성적이 좋아서", "핵심에 대한 이해력이 뛰어나기 때문에" 등등의 질투심을 자극할만한 얘기를 들을 정도로, 처음부터 될성부른 아이들로 여겨졌다. 그들 가운데 상당수가 도쿄대학에 합격할 수 있는 것은 그리 놀라운 일도 아닌 것이다. 그렇다면 가이세이고 아이들은 수재로 불려야 한다.

그나저나 가이세이고는 해마다 대학 입시철이 되면 전국적인 주목을 받는 학교이지만, 운동과 관련해서는 사람들의 입에 오르내리는 경우는 거의 없다. 그런데 입시 명문고인 가이세이고의 야구부가 2005년 전국고등학교야구선수권대회 동동경(東東京) 예선에서 16강까지 진출했던 것이다. 8강을 놓고 가이세이고를 물리친 고쿠시칸고등학교가 그 예선 대회에서 우승했기 때문에, 가이세이고는 하마터면 그해 여름에 열리는 고시엔 본선 대회에 출전할 수도 있었던 것이다.

뭐라, 가이세이고등학교가?

나는 깜짝 놀랐다. 가이세이고에 야구부가 있었나? 있었다 치고, 대진운이라도 좋았던 걸까? 하지만 아무리 운이 좋아도 그렇지, 그런 운만으로 고시엔 동동경 예선 16강까지 진출할 수는 없다. 게다가 2007년에 "가이세이고 야구부의 실력이 더 일취월장하고 있다"는 소문까지 듣고 보니, 확실히 머리 좋은 학생들은 뭐를 해도 다르다는 생각에 나는 곧바로 취재 신청을 내고 가이세이고를 방문했던 것이다.

JR니시닛포리(西日暮里) 역에서부터 걸어서 2분 거리에 있는 가이세이고는 역 앞에 난 큰 길에 접해 있다. 학교 정문은 너무나 소박해서 이곳을 알지 못하면 그대로 지나쳐 버릴 것만 같다. 학교에 들어서는데 목 끝까지 교복을 단추로 채워 입은 남학생들이 삼삼오오 교문 밖으로 나가고 있다. 총명해 보이는 얼굴들이다. 학생들에게 인사를 건네면서도 한편으로는 정중히 양해를 구하면서 나는 오래된 건물을 지나 대나무 줄기로 만든 발이 깔린 복도를 걸어갔다. 걸음을 옮길 때마다 발밑에서 삑삑 소리가 난다. 도착한 건물에는 간판 같은 것이 겹쳐 있는데, 전체적으로는 창고 같은 인상을 준다. 여기서 또 한 건물을 지나 절의 본전(本殿)에라도 오르듯 계단을 밟고 오르니 넓은 운동장이 나타난다.

가이세이고에는 운동장이 달랑 하나밖에 없다. 다른 운동부의 선수들도 사용해야 하기 때문에 야구부는 주 1회만 운동장을 사용할 수 있다. 겨우 한 차례 세 시간가량의 훈련만으로 가이세이고 야구부가 고시엔 대회 지역 예선에서 16강까지 진출했던 것이다.

일반적으로 야구부라고 하면, "핫핫핫"라든가 "얍얍얍"라든가, 보통 사람들은 뭔 소린지 통 알아듣기 힘든 기합을 외치며 연습을 하는데, 이곳 가이세이고 야구부는 너무나 조용하다. 머리를 빡빡 깎은 학생도 없고 원형으로 둥글게 모이지도 않는다. "묵묵히 맡은 바 과제에 임하고, 고유한 저마다의 능력을 계발"(초대 교장 다카하시 코레기요의 교육 이념)하듯이, 과연 명문고는 다르다는 감탄이 절로 나왔다. 그런데 그들의 훈련 모습을 보면서 문득 드는 생각이 있었다. 영 어설픈 것이었다. 그것도 이상할 정도로.

땅볼이 그대로 내야수의 가랑이 사이로 빠진다. 수비수의 뒤에서 공을 줍는 다른 선수의 가랑이도 지나친 공은 운동장 벽까지 굴러간다. 공중에 높이 뜬 타구를 잡는 수비에서는 선수들이 날아가는 공의 궤적을 보면서 공 잡을 자세를 취한다. 그런데 막상 공이 가까이 오면 놀란 듯 당황해서 그대로 뒤로 나자빠진다. 예측을 잘못했다기보다는 선수가

공을 피하는 것처럼 보인다. 전체적으로 엉거주춤한 수비 자세다. 공을 잡으려 뛰어가도 왠지 발뺌을 하는 듯해 보인다. 그 중에는 다리가 꼬였는지 넘어지는 학생도 있다. 그들은 캐치볼 훈련에서도 실책을 연발한다. 멀리서 그 모습을 보고 있노라니 내 마음도 불안할 따름이다.

"야구는 위험하지요?"

좌익수를 맡고 있는 3학년 쯤 되 보이는 학생에게 자연스럽게 말을 걸었다. 그러자 그가 고개를 끄덕였다.

"예."

"그렇지요?"

"특히 내야는요. 내야는 타자와 가까워서 무섭습니다. 하지만 외야는 머니까 마음이 놓여요."

이게 그가 외야수를 선택한 이유란다. 무엇보다도 그는 공뿐만 아니라 운동장의 딱딱한 지면도 무서워하는 것 같다. 그래서 헤드퍼스트 슬라이딩도 하지 못하는 것 같다. 타자도 무섭고 그라운드도 무섭기 때문에 그는 운동장 외야의 한 귀퉁이에 서 있는 것이다.

"저는 공을 던지는 건 좀 하겠는데, 잡는 것은 못하겠어요."

유격수를 맡고 있는 2학년생이 웃으면서 한 말이다.

"공 잡기를 꺼리는군요."

내가 맞장구를 쳤다.

그가 이어서 말했다.

"아니요. 꺼리는 게 아니라 서툰 것입니다."

"서툴다고요?"

내가 고개를 갸우뚱거리자 그는 거침없이 말을 이어나갔다.

"꺼리는 것과 서툰 것은 다릅니다. 꺼리는 것은 본인이 그렇게 생각하는 것이고, 서툰 것은 남들이 보기에도 객관적으로 그렇다는 것입니다. 저의 경우는 꺼리는 게 아니라 서툰 것입니다."

어라, 야구 문제가 아니라 국어 문제란 말인가? 참고로 덧붙이면, 가이세이중학교 입학 국어 문제는 모두 서술형이다. 장문의 글을 제시한 다음, 그 글을 읽고 "가능한 자신의 생각으로 설명하시오", "40자 이내로 요약하시오"라는 문제를 내서, 수험생의 이해 능력과 글쓰기 능력을 테스트 하는 것이다. 수학이나 이과 또는 사회과 문제에서도 제시문은 너무나 길다. 당최 나 같은 사람은 제시문의 내용은 물론이거니와 무엇을 묻는 것인지도 파악하기 어려운 수준의 문제가 출제되는 것이다.

꺼리는 게 아니라 서툴다는 것은, 자신은 있지만 잘하지 못한다는 건가. 어쩌 모순처럼 느껴진다. 하지만 "잘하지도 못하는 주제에 좋아하기는"이라는 속담도 있듯이, 서툴지만 자신감은 넘칠 수 있다. 혹시 이 학생은 본인만 그런 생각을 한다는 건가?

이와는 반대로 야구가 "서툴지는 않지만 꺼려진다"는 학생도 있었다. 들자니, 야구부 가운데 많은 이들이 가이세이중학교의 연식야구부를 거쳤단다. 연식야구공은 땅에서 크게 튀기 때문에 공을 잡기가 쉽다. 거기에 익숙해지면, "운동장에 바싹 붙어 날아가는 듯한" 일반 야구공은 잡기가 어렵다. 그래서 공 잡는 것을 꺼리는 생각이 한번 머릿

속에 자리라도 잡게 되면 다른 선수들이 그를 "공 잡는 것을 꺼리는 선수"로 판단해버린다. 그리고는 마치 그것에 부응이라도 하듯이 이 선수는 실책을 범한다. 다시 말하면, 실제로는 잘할지 모르지만 "꺼리다"는 관념이 제 혼자 돌아다니면서 실책을 유발이라도 하는 것이다.

어쨌거나 실책하는 것에는 변함이 없었다. 가이세이고 선수들은 "두뇌 야구"가 아닌 머릿속에서 실책을 하는 듯했다.

"실책은 우리 가이세이고의 전통이니까요."

3루수를 맡고 있는 3학년생이 한마디로 잘라 말했다. 그의 수비 실력은 다른 선수들과 비교해서도 제법 우수한 축에 드는 것처럼 보였다. 뛰어가면서 공을 잡아서 부드럽게 1루로 던지는, 러닝스로우까지 한다. 그러나 잘 보면 공을 잡지 못하고 던지는 시늉만 할 때도 자주 있었다.

"전통이요?"

"우리가 실책을 하면 상대팀이 방심을 할 때가 많으니까요. 그걸 유도하려는 뜻도 있습니다."

실책도 하나의 전략이란 말인가? 순간 내가 제대로 취재를 오긴 했구나 하며, 안도감이 들었다.

방심이냐 무시냐

가이세이고 야구부가 정말로 이긴 게 맞나?

새삼스럽게 가이세이고가 16강에 들었던 2005년 경기 결과를 살펴

보니, 다음과 같다.

1회전: 가이세이고 10-2 도립 과학기술고 (7회 콜드게임 승)

2회전: 가이세이고 13-3 도립 하치죠고 (5회 콜드게임 승)

3회전: 가이세이고 14-3 도립 구단고 (7회 콜드게임 승)

4회전: 가이세이고 9-5 도립 후치에고

5회전: 카이에이고 3-10 고쿠시칸고 (7회 콜드게임 패)

지방 예선 대회의 경우, 5회까지 10점차, 7회까지 7점차가 벌어지면 콜드게임이 선언되어 경기가 종료된다. 이기든 지든 가이세이고는 거의 모든 경기가 콜드게임이었다. 2006년에는 1회전에서 메이지대학 부속고등학교에게 3-10의 점수로 7회 콜드게임으로 패해서, 9회까지는 가 보지도 못했다. 야구에는 9회말 투아웃까지 무슨 일이 벌어질지 모른다는 말도 있지만, 가이세이고의 야구에는 9회가 없는 것이다.

"일반적인 야구의 이론은 실력이 서로 비슷한 팀끼리 시합할 때에나 적용되는 겁니다. 우리 팀은 그렇게 해서는 시합에서 절대로 이길 수가 없습니다. 일반적인 야구를 해서는 이기지 못합니다."

가이세이고 야구부 감독 아오키 히데노리(青木秀憲)는 체육 지도자로서의 주관이 뚜렷한 사람이다. 도쿄대학 야구부 출신인 아오키 감독은 군마 현 오타고등학교를 졸업하고 도쿄대학 교육학부를 거쳐 같은 대학원에 진학해서 석사학위를 받은 재원이다. 그는 대학원 졸업 후에 이곳 가이세이고에 보건과 체육을 담당하는 주임 교사로 부임했다. 참고로 그의 대학원 석사학위 논문의 제목은 '공을 던지는 그레이딩

(grading)'으로서, 투구 동작과 상체의 근육 활동에 관한 연구였다.

"가이세이고 야구부는 평범하지 않지요."

내가 동의를 구하듯이 말을 꺼냈다. 하지만 아오키 감독은 고개를 저었다.

"아닙니다. 그 반대입니다. 가이세이고 야구부는 평범합니다."

"무슨 말씀인지?"

"고교야구라고 하면, 고시엔 대회에 빠지지 않고 출전하는 고등학교의 야구를 떠올립니다. 그런데 그런 고교야구팀들은 초등학교 때부터 실력이 뛰어난 팀에서 활약한 학생들을 모아서, 전용 야구장이 있는 환경에서 하루도 빠지지 않고 훈련을 합니다. 어찌 보면, 이상한 세계라고 할 수 있습니다. 하지만 관내의 거의 대부분의 고등학교는 우리 학교와 상황이 비슷합니다. 그러니 우리 학교가 평범하다고 할 수 있습니다. 고시엔 본선에 진출을 할 정도의 실력을 갖춘 학교들과 만나 시합을 벌이면, '팀이 하나가 된다', '최선을 다한다', '정신을 집중한다' 등의 정신적인 측면에서의 가르침이 효과가 있을지 모르겠습니다. 하지만 실력 차가 많이 나면 정신력으로도 열세를 만회할 수 없습니다."

아오키 감독의 말에 막힘이 없다. 일반적인 야구 이론은 평범한 수준의 고등학교가 이상한 세계에서 승리하는 것을 제대로 설명하지 못한다.

"도쿄6대학 야구 리그전(도쿄에 위치한, 도쿄대학, 게이오대학, 와세다대학, 메이지대학, 릿교대학, 호세이대학 야구팀이, 해마다 봄의 춘계리그와 가을의 추계리그 등 두 차례에 걸쳐 벌이는 야구 대회-옮긴이)도 어떤 의미로는 있을 수 없는 세계입니다. 도쿄대학 야구부의 실력은 다른 다섯 대학 야구부에 비해 절대적으로 모자랍니다. 따라서 그들은 2부 리그 아니면 3부 리그로 강등되어, 거기서 실력이 비슷한 팀과 시합을 해야 합니다. 그런데 도쿄대학은 6대학 리그전에서 경기를 치릅니다. 고교야구도 마찬가지입니다. 압도적인 전력 차이가 있어도 강팀과 한 조에서 시합을 하는 것입니다. 상황이 이렇게 되고 보면, 일반적인 이론은 무용지물이 되기 십상입니다."

"그, 일반적인 이론이라는 게……."

내 질문이 끝나기도 전에 그가 답했다. 마치 기다리기라도 했다는 듯이.

"타순을 예로 들어보죠. 보통, 1번 타자에는 발 빠른 선수, 2번에는 번트 등 잔기술이 뛰어난 선수, 그리고 3, 4, 5번에는 장타력이 있는 선수들을 배치합니다. 요컨대, 1번 타자가 출루만 하면 확실히 점수를 얻겠다는 이론인 거죠. 하지만 이게 우리 팀에는 아무 소용이 없습니다."

"왜죠?"

"그렇게 확실하게 1점을 얻어도, 다음 번 상대팀의 공격에 10점을 내주니까요. 그러니 보내기번트가 필요할 것 같은 상황에서 점수를 얻더라도 경기 마지막에 가서는 시합에서 지게 되는 겁니다."

"음, 과연."

"말하자면, 이런 일반적인 야구 이론에는 '상대방의 공격을 막아낼 수 있는 수비력을 갖추고 있다'는 전제가 있는 거죠. 근데 우리 팀에는 그게 없습니다. 그래서 '10점을 내 준다'는 것을 전제로 일거에 15점을

얻는 타순을 짤 수밖에 없는 겁니다."

"그게 무슨 뜻인지? 현실적으로 가능한 걸까요?"

"1번 타자부터 타율이 높은 선수를 배치하는 겁니다. 이어서 2번 타자에는 장타력이 가장 뛰어난 선수를 기용합니다. 3번, 4번, 5번, 6번 타자까지 그렇게 배치합니다. 그렇게 되면 상대팀에게 제법 압박감을 줄 수 있습니다."

"압박감요?"

의외로 단순한 대답이다. 요컨대, 1번부터 치고 나갈 선수를 배치한다는 것이다. 그렇다면 간단히 말해 "이론이 없는 것"은 아닌가.

"타순을 연결된 하나의 고리라고 생각해 봅시다. 매회 공격이 1번 타자부터 시작되는 게 아닙니다. 우리 팀의 경우에는 선두 타자가 8번 아니면 9번일 때가 득점 찬스입니다. 일반적인 야구 이론에서는 8번과 9번 타자를 타율이 낮은 '하위 타자'라고 부릅니다. 그런데 타순을 연결 고리로 생각하면 하위 타자도 없고 상위 타자도 없는 거죠."

확실히 그렇다. 일반적인 야구 이론에서는 타순을 직선적으로 생각하는 부분이 있다.

"먼저 8번과 9번 타자가 안타를 치지는 못할지언정 볼넷으로라도 출루합니다. 그러면 상대팀 투수는 '하위 타자를 내보내다니', '하위 타자를 제압하지 못하다니'라는 등, 자책을 하면서 당황하고 맙니다. 이어서 우리 팀에서 가장 장타율이 높은 1번 타자가 타석에 들어서서는 보란 듯이 통쾌하게 장타를 날립니다. 1번 타자는 장타보다는 단타 위주의 정교한 타격을 하는 게 일반적인 야구 상식입니다. 우린 그런 상식을 과감히 깨버립니다. 상대팀이 실력이 좋다고 해도 고등학생이기 때문에 우리 학교처럼 실력이 부족한 팀에게 안타를 맞으면 당황하기 마련이지요. 그것도 1번 타자에게 장타를 맞으면 더욱 그렇지요. 그렇게 상대팀이 충격을 받고 있을 때에 우리 팀에서 타율이 가장 높은 2번 타자가 등장합니다. 여기서 점수를 얻는 겁니다. 고교야구는 분위기에 좌우됩니다. 선수들이 어리기 때문이지요. 1번과 2번에게 안타를 허용한 상대 투수는 3번, 4번, 5번으로 이어지는 중심 타선과 마주치면 더욱 긴장하게 되지요. 결국 스트라이크를 던지지 못하고 도망가는 투구를 하게 됩니다. 비록 중심 타선이지만 무리해서 스윙을 할 이유가 없는 거죠. 볼을 끝까지 기다리다보면 누상에 나갈 확률이 그 어느 때보다 많아지게 됩니다. 그렇게 누상에 주자가 모아지면 그때 비로소 히든카드를 내미는 겁니다. 수비는 젬병이지만 타격 하나만은 곧잘 하는 선수를 숨겨두었다가 대타로 기용합니다. 대체로 수비에서 실수를 많이 하는 선수는 공격 기회에 강합니다. 수비에서 저지른 실수를 공격에서 만회하고자 하는 본능이 그 누구보다 강하거든요. 미국 야구의 통계에도 있는 얘기지요. 볼 컨트롤이 흔들리기 시작한 상대 투수는 더 이상 도망가는 투구로는 밀어내기로 점수를 내 줄 수 있기 때문에 스트라이크 존으로 정직한 공을 던지게 되지요. 반드시 그렇게 되는 것은 아니지만 이때 장타가 나올 확률이 매우 높습니다. 누구도 예상치 못한 대량득점이 가이세이고 점수판에 그려지게 되는 것이죠."

어떤 일을 대할 때 '서툰 것'과
'꺼리는 것'은 엄연히 다르다.
'서툰 것'은 남들이 보기에도 객관적으로
잘 못하는 것이고, '꺼리는 것'은
본인 스스로 어떤 일을 하는 것을
주저하는 것이다. 지금 하고 있는 일이
서툴다고 스스로 꺼릴 필요는 없다.
서툴어도 즐길 줄 알면 그만이다.

"그런데 그 도중에 상대방 벤치에서는 투수를 교체하지 않을까요?"

감독은 내 빈약한 반박 질문을 예상이라도 했듯이 바로 논리적인 답변을 쏟아낸다. 마치 기회를 놓치지 않는 가이세이고의 타선처럼.

"상대가 자신들과 어느 정도 비슷하다고 여기면 투수 교체 타이밍을 놓치지 않지만, 우리 같은 소문난 약체하고 시합을 하는 팀들은 대체로 타이밍을 놓치는 일이 잦지요. '설마'하는 생각이 벤치를 지배하는 것이지요. 하지만 상대방이 '설마'하는 '방심의 타이밍'이 우리에게는 이길 수 있는 '절호의 타이밍'이 되는 것이지요. '방심'이라는 단어에 이견이 있는 선수도 있긴 해요. 확실히 공부를 잘 하는 친구들은 개념에 민감하지요."

"방심에 대한 이견"은 도대체 뭘까? 궁금했지만 감독의 말을 자르지 않기로 했다.

하이-리턴, 노-리스크

교묘한 심리작전인가!

일반적인 야구 이론은 확실성을 중시한다. 확실하게 점수를 얻고, 확실하게 수비를 한다. 그런 확실성을 깨는 것은 무엇일까라고 그 이치를 따져보니, '상대방을 방심하게 해서 혼란에 빠트리게 한다'는 거란 말인가. 그럴듯해 보이지만 왠지 모순도 있어 보인다. 일단 상대방이 방심을 거듭할 만큼 허술한 존재일까? 내 표정이 만족스럽지 못하다는

걸 눈치 챘는지 아오키 감독이 진지한 얼굴을 하고서 말을 이었다.

"말하자면, 하이-리스크(high-risk) 하이-리턴(high-return)의 도박입니다."

"뭔~ 박이요?"

"우리 같은 팀의 경우, 도박을 하지 않으면 승률은 0%나 마찬가집니다. 그런데 도박에서처럼 승부를 걸면 그 활로가 보입니다. 확률이 1%일지라도 그것을 10%로 올리면 크게 나아진 것이라고 생각합니다. 물론 그 10%라는 것도 열 번 경기에 아홉 번은 지는 것이기 때문에 주변 사람들이 그게 뭐가 다르냐고 할지 모르겠지만요."

도박으로 해석하면, "리스크"는 실점이고 "리턴"은 득점이다. 보통의 경우에는 리스크를 줄이기 위해서 수비를 견고하게 하는데, 가이세이고는 대량의 "리턴"(득점)으로, 콜드게임 승을 이끌어내서, "리스크"가 발생하는 이닝을 아예 만들지 않는다는 것이다. 좀 더 정확하게 말하면, "하이-리스크 하이-리턴"보다는 "하이-리턴으로 노-리스크(no-risk)"를 목표로 하는 거란 말인가.

"근데 수비는 아무 문제없습니까?"

나는 무심코 수비를 지적했다. 오늘 훈련을 지켜본 가이세이고의 수비는 하이-리스크라기보다는 수퍼-리스크에 가까워 보였다. 콜드게임 패의 가능성이 있는 것이다.

"그 수비라는 게, 의외로 차이가 나지 않더라고요."

시원스레 답하는 아오키 감독이다.

"무슨 말씀인지?"

"훈련을 열심히 해서 실력이 좋아져도, 실책은 하기 마련입니다. 반대로 실력이 뛰어나지 않더라도 처리할 수 있는 것도 있습니다. 한 경기당 각 포지션의 선수들이 수비하는 횟수는 대략 3~8회입니다. 그 중에서 혹독한 수비 연습을 통해서 처리할 수 있는 어려운 타구는 한 번 있을까 말까합니다. 그 한 번을 위해서 우리 팀은 그나마 적은 연습시간을 또 쪼갤 수 없습니다."

감독이 선수들에게 요구하는 것은 "시합을 망치지만 않을 정도의 수비"였다. 그렇다면 감독이 내세우는 이론의 전제는 "실점은 10점까지만"이다. 10점 정도는 으레 상대팀에게 내주는 정도의 수비 수준이기 때문에, 웬만한 실책으로는 팀이 동요하지 않는 것이다.

그들에게 '투수'란

가이세이고의 훈련은 대부분이 타격 연습이었다. 타자는 투수가 던지는 공을 친다. 아오키 감독에 따르면, 타격이란 하나의 '물리 현상'이다. 타원 궤적을 그리던 타자의 배트가 일직선이 될 때 날아오는 공과 정면으로 충돌한다. 최고 속도에서 배트와 공이 정면충돌하는 것이다. 타자는 공을 치는 훈련만을 한다. 투수는 타자가 공을 칠 수 있도록 던지기만을 계속 한다.

"실은 저는 철봉에 거꾸로 오르지도 못해요."

2학년생 투수가 솔직하게 털어놓는다. 살갗은 희고 말라 보이는 호리호리한 몸매이다. 야구복도 헐거운 게 어째 고등학교 야구선수처럼 보이지 않는다. 그는 오른손잡이 언더핸드 스로우 투수인데, 던진 공이 너무 느린 나머지 (조금 과장하면) 멀리서도 공의 실밥이 보일 정도다. 그는 지금도 철봉에 거꾸로 오르지 못한다는데, 초등학교 때에는 피구공도 제대로 잡지 못했다고 한다. 원래부터 운동신경이 없다는 것이다.

"근데 어떻게 야구를 하게 되었나요?"

내 질문에 투수가 심각한 얼굴을 하고 답한다.

"초등학교 때 잠깐 동네 야구팀에 들어간 적이 있어요. 저는 야구밖에 해 본 적이 없어서, 다른 선택의 여지가 없었습니다. 가이세이중학교에 다닐 때는 연식야구부에 들어갔어요. 저는 공을 잡아서 던지는 것을 너무 못했기 때문에 시합에는 출전하지도 못했습니다. 근데 고등학교에 와서는 어떻게 해서든 시합에 나가고 싶었습니다."

"그래서 투수를?"

"예. 투수라면 할 수 있습니다."

"투수를 말이죠?"

투수는 운동신경이 가장 뛰어난 선수가 맡는 게 보통이다. 고교야구에서 곧바로 프로야구로 진출하는 사례를 보더라도, '4번 타자에다가 투수'인 경우가 그 대부분이다.

"투수만은 수동적이지 않거든요."

"어떻다고요?"

"다른 수비수들은 자신에게 오는 타구에 반응을 해야만 합니다. 공과 항상 같이 생각할 수밖에 없습니다. 근데 투수는 그렇지가 않습니다. 투수만이 오로지 자발적인 포지션이에요. 모든 것이 투수에서부터 시작되니까요. 조금 건방진 것 같습니다만, 제가 공을 던져야만 경기가 시작된다는 게 참 매력적입니다."

투수만이 누구에게도 의존하지 않는, 자신만의 위치를 지키는 포지션이다. 듣고 보니, 야구란 게 투수가 공을 던지면서부터 시작하는, 투수 중심의 경기다. 하지만 투수에게도 투수 앞 땅볼이란 게 오기도 하니까, 다른 사람 중심의 현상도 물론 있다. 그렇다면 그의 야구에 대한 이상적인 개념은 야구 경기에서 그 시작을 알리는 시구식의 시구하는 사람에게나 해당된다는 것인가.

"게다가 투수에 대한 평가에는 잘하네 못하네 라는 게 없습니다. 또한 좌투수, 우투수, 오버핸드 스로우, 언더핸드 스로우, 기교파, 정통파 등의 여러 가지 개성도 투수에는 있거든요."

"투수에 마음이 있었던 거네요."

내가 마무리를 지으려고 하자, 그가 공을 쥐면서 뭐라 중얼거린다.

"그런 건 아니고요. 제 마음에 드는 포지션은 없습니다. 마음에 내키는 걸 고른다면 저로서는 딱히 마땅한 게 없습니다."

본인의 마음에 들든 안 들든 모든 게 남들 중심이라는 건가. 어쨌거나 가이세이고에서는 적성을 생각할 수 없다. 그걸 따지면 거의 모든 선수가 야구에 적성이 없는 것으로 되어서, 본래 "존재해서는 안 되는

팀이 될지도 모르기 때문이다"(아오키 감독).

대체 가이세이고 야구부원의 포지션은 어떤 식으로 정해지는 걸까.

새삼스레 아오키 감독에게 그것을 물었다. 그 기준은 너무나 단순했다.

투수 : 공을 던지는 게 안정적이다.

내야수 : 만족스럽지 않더라도 공을 던지는 게 그럭저럭 안정적이다.

외야수 : 그 나머지.

"그뿐입니까?"

나는 놀라서 물었다.

"그뿐입니다."

감독이 답했다.

"결국 던지기라는 거네요?"

"그렇습니다. 몸을 비스듬히 해서 팔꿈치를 양 어깨 선보다 위로 들어 올린 다음, 체중을 이동해서 전방으로 공을 던진다. 그것을 안정적으로 할 수 있다면 그에게 투수를 맡길 수 있습니다."

"기준치고 너무 간단하지 않습니까?"

"그렇지 않습니다. 예전에는 사내아이라면 누구나 야구를 했기 때문에, 던지는 것은 다 할 수 있었습니다. 그런데 지금은 다릅니다. 어렸을 때 야구를 한 적이 없는 아이들은 물건을 던질 줄 모릅니다. 던질 수 있는 능력은 타고나는 게 아니라, 노력으로 얻어지는 것입니다."

생각해보니, 나도 일상생활에서는 물건을 던지는 동작은 거의 하지 않는다. 교육적인 관점에서 보더라도, '버릇이 나쁘다'거나 물건을 던지는 것을 금하고 있어서 더욱 그렇다. '누군가 던진 것에 맞을 수도 있다'는 생각도 그 이면에 보이지 않게 깔려 있다.

"던지는 게 안정적이기만 하면 누구나 투수가 될 수 있는 겁니까?"

나는 배팅머신을 떠올렸다. 그것도 타석의 타자가 공을 칠 수 있도록 안정적으로 공을 던지지 않는가.

"승패를 겨루는 시합이기 이전에 결례를 범해서는 안 된다고 생각합니다."

"결례요? 그게 무슨?"

"공이 스트라이크 존으로 들어오지 않으면 경기는 진전될 수 없기 때문에, 공을 제대로 던지지 않으면 상대팀에게 결례를 범하게 되는 겁니다. 어쨌거나 우리 팀은 경기를 하고 싶을 뿐입니다. 시합을 하려면 타자가 공을 칠 수 있게 스트라이크를 안정적으로 던져야만 합니다."

그렇다. 폭투라든가 스트라이크 존에서 너무 멀리 벗어난 공만을 계속해서 던진다면 경기는 진전될 수 없다. 확실히 투수란 승부 이전에 예의의 중심에 있는 존재다.

예외 없는 전제

주 1회만 운동장을 사용할 수밖에 없는 가이세이고는 주말을 이용해

서 다른 학교로 연습 경기를 하러 갔다. 실전 중시에 따라서 '도박(!)' 감각을 단련하는 것이다. 그런데 시합에 앞서 상대팀 선수들은 가이세이고 선수들을 보면 이런 질문을 한단다.

"IQ가 얼마예요?"

"전국에서 몇 등 해요?"

'가이세이'라고 하면, 야구보다는 '머리 좋다'는 것을 먼저 확인하려는 것이다. 가이세이고 선수들이 'KAISEI'가 찍힌 야구가방을 들고 있으면, 지하철 안에서라도 낯선 사람이 다가와 느닷없이, "머리가 좋죠?"라고 물을 때도 있단다. 그런 질문을 받으면 정작 본인은 뭐라 대답할 게 없어, "아니요"라고 말꼬리를 흐린단다. 그러면 "뭐야, 대답도 제대로 못하네"라면서, 서열을 매기는 교육의 폐해에 관해서 한바탕 설교를 늘어놓는 사람도 있다고 한다. 조금은 귀찮아서, "예, 맞습니다"라고 대답이라도 하면, "오호, 학생이 머리 좋다고 한 겁니다"라고 조롱을 당하기라도 할 것만 같다. 하긴 나 역시, 중학교 입시의 어려운 문제를 왜 푸는지를 가이세이고 학생들에게 묻고 싶어서 입이 근질근질하던 참이었다. 문제를 풀 수 있는 사람에게 왜 문제를 푸느냐고 물으면 딱히 어떤 대답이 나오는 것도 아닌데 말이다.

"사람들은 우리 학교 학생들이 공부를 열심히 하는 것 말고는 달리 할 수 있는 게 없다고 생각하는 거 같습니다. 공부만 하고 운동이나 그 밖의 것은 잘하지 못할 것만 같은……."

3학년생인 주장이 실망하는 표정이 역력한 얼굴로 말했다.

"근데, 그것은 상대방을 방심하게 하는 것 아닌가요?"

도박이라면 적의 실수를 유도할 듯도 하다.

"그렇진 않습니다."

주장은 잘라 말했다.

"우리들은 방심이 아니라 무시를 당하고 있는 겁니다. 상대방이 방심을 할 수도 있겠지만, 무시를 당해서 좋을 건 없습니다. 무시를 당하는 것은 상대방이 근심걱정 없이 속 편하게 있다는 말이거든요."

듣고 보니 이해가 됐다. 방심도 긴장이 있어야 하는 것이다. 속이 편하면 그것도 없다. 얼마 전에 아오키 감독이 말한 '방심에 대한 이견'이란 바로 이것을 두고 하는 말이었다.

가이세이고가 그 날 맞붙은 학교는 고시엔 출전 경험도 있는 강팀 간토제1고였다. 눈이 휘둥그레질 정도의 뛰어난 시설들. 운동장도 야구 전용 구장이고, 그 옆에는 불펜 연습장도 있고, 게다가 합숙소까지 갖추고 있는 학교다. 하늘색까지도 왠지 가이세이고에서의 그것과는 다르게 더 푸르게 보였다.

시합 전에 아오키 감독이 선수들에게 수비 연습을 시켰다. 가볍게 친 공인데도 가이세이고 선수들이 실책을 범했다. 내야 땅볼은 그대로 외야로 빠졌고, 외야로 뻗는 공은 선수들을 훌쩍 넘어갔다. 선수들은 뒤로 빠진 공을 주우러 가기 바빴다. 구장 시설이 좋기도 했지만, 그들의 움직임은 '상대방의 방심'보다는 구장 전체에 연민이라도 불러일으킬 것만 같았다.

수비 연습이 끝나자 아오키 감독이 선수들을 집합시키고 고함을 쳤다.

"너희들은 운동장에 서는 것이 얼마나 소중한 것인지를 모르나! 간토제1고의 선수들이 오늘을 위해 운동장을 정비하고 점수판까지 기록해주고 있다. 여기서 야구하는 것이 얼마나 대단한 것인지 모르나. 실력도 부족한 판에 어처구니없는 실수까지 하냐고! 그건 결례야, 결례! 그걸 모르냔 말이다! 다 필요 없어! 연습 그만!"

순한 얼굴의 가이세이고 선수들이다. 감독은 결례에 대해서 화를 내는 것으로써 기술 부족을 질타하고 있는 것 같았다. 생각해보면, 예절과 기술은 떼려야 뗄 수 없기 때문에, 다른 한편으로는 실력 차를 깨달으라고 감독이 선수들을 격려하는 것으로 이해할 수도 있겠다 싶다.

간토제1고의 선수들은 벤치 앞에서 원형으로 둘러 모였다. "예! 예! 예!"라며 감독의 지시에 힘차게 고개를 끄덕인 선수들이 "좋아! 좋아!"라고 우렁차게 외친다. 그 기세로 간토제1고는 1회와 2회에 가이세이고로부터 8점을 뽑았다. 그들의 공격 내용은 이랬다.

몸에 맞는 볼, 도루, 볼넷, 그리고 3루와 유격수 사이를 뚫는가 싶더니 어느새 외야로까지 빠져서 2루타. 1루수 앞 땅볼인가 싶으면, 1루수와 투수가 서로 미루다가 내야안타가 되고, 그 주자는 다음 타자의 번트로 2루까지 진루한다. 게다가 포수가 공을 뒤로 빠트려서 주자들이 한 루씩 진루하고, 그 다음 타자가 볼넷으로 출루하는데, 또 다시 포수가 공을 뒤로 빠트려서 누상의 주자들이 한 루씩 진루한다. 투수가 던진 견제구를 2루수가 놓쳐서 누상의 주자들이 다시 한 루씩 진루하고, 이어진 볼넷으로 누상은 주자들로 꽉 차 만루 상태가 된다. 다음 타자가 친 공이 1루수 앞 땅볼이다 싶을 때, 1루수가 가랑이 사이로 공을 빠트린다. 이어서 우익수도 공을 잡지 못해서 2루타가 된다. 상대팀 타자들은 배트에 공만 맞으면 출루를 하는 것이다. 설령 공을 맞추지 못해도 몸에 맞는 볼이나 볼넷으로 출루한다. 이렇듯 간토제1고가 언제 끝날지 모를 공격을 계속한다. 어느새 그들은 '방심'보다는 전체적으로 점점 '해이해짐' 같은 모습을 보이기 시작했다.

3회. 가이세이고의 공격. 선두 타자가 마치 좀 전의 간토제1고의 공격을 이어받은 듯이 느닷없이 우익수를 넘는 3루타를 쳤다. 마음이 흔들렸는지, 아니면 앞선 공격의 피로감 때문이었을까. 간토제1고의 투수가 계속해서 볼넷으로 가이세이고의 타자들을 베이스로 내보냈다. 가이세이의 실책에 현혹이라도 됐는지 간토제1고의 투수가 잡기 쉬운 투수 앞 땅볼을 놓친다. 포수가 3루에 던진 공도 악송구가 되어버린다. 갑자기 3점을 얻은 가이세이고. 그리고 하위 타선인 8번 타자가 좌익수를 넘는 2루타를 치고 출루한다. 이어서 9번 타자도 중견수를 넘는 2루타를 쳤다. 가이세이의 매서운 공격이 계속되었고, 이번 3회에만 가이세이고가 대거 7점을 얻었다. 아오키 감독이 말한 '도깨비 타선'에 불이 붙은 것이다.

"왔어! 왔어!"

어느 팀이 득실점을 많이 하고 있는지가 구분이 안 되던 내가 나도 모르게 환호성을 질렀다. 문제는 점수 차이가 아니라 기세였다. 야구는

그런 기세로 상대방을 제압하는 경기인 것이다.

해가 저물었기 때문에 결국 시합은 8회로 끝이 났다. 간토제1고는 1회에서부터 4회까지 계속해서 추가 득점을 한 결과, 모두 15점을 얻었다. 점수는 15-12. 가이세이고가 졌다. 최종 점수로 확실히 승패가 갈렸지만, 3회에 나타난 도깨비 타선처럼 가이세이고가 20점 정도를 얻었다면 그들은 콜드게임 승을 할 수 있었을 것이다. 듣자니, 간토제1고는 저학년 선수들을 출전시킨 것 같았지만 강호인 것만은 확실했다. '도깨비'들은 상대팀을 가리지 않는다.

사실 가이세이고의 타선에서 인상적이었던 것은 다양한 타격자세였다. 어느 선수는 배트를 홈베이스와 수평이 되도록 잡고서 그 상태에서 배트와 공의 '정면충돌'을 떠올리고는, 시간을 되돌리듯이 배트를 다시 뒤로 거슬러 올린다. 그 다음, 왼손만으로 배트를 잡아 몸 쪽으로 충분히 가까이 끌어들여 위치를 확인하고는 치는 순간에만 오른손을 배트에 가져다 댄다. 그리고는 몸의 중심은 앞에다 싣고, 투수가 던지는 자세를 취하면 몸의 중심을 이동해서 온몸을 진자처럼 흔들면서 풀스윙을 하는 것이다. 나는 지금까지 이런 타격 자세는 본 적이 없었다. 여기에도 일반적이지 않은 야구 이론이 있는 것 같았다.

"타격에서 중요한 것은 공을 맞히지 않는 것입니다."

아오키 감독은 잘라 말했다.

"그게 무슨 뜻이죠?"

"공을 맞히려고 하면 타격 속도는 떨어집니다. 공을 맞히는 타이밍을 제대로 맞출 수도 있지만 그렇지 않을 수도 있습니다. 그런데 배트에 공이 맞는 것을 전제로 힘껏 스윙을 합니다. 헛스윙도 괜찮기 때문에 과감하게 스윙을 하는 것입니다."

저런 힘찬 스윙에도 '공을 맞힌다'라는 전제가 은연중에 깔려 있는 것이다.

"그런 식으로 공을 치나요?"

"투수가 공을 쥐고 있을 때 몸을 흔들면 너무 빠르고, 포수 앞까지 공이 날아왔을 때 몸을 흔들면 너무 늦습니다. 그 사이에서 딱 맞는 타이밍을 찾아야 합니다. 그 타이밍은 분명히 있습니다."

아오키 감독이 미소를 지었다. 어디쯤인가에서는 공과 배트가 확실히 만나기 때문이다. 이것도 일종의 도박이다. 한번 제대로 맞으면 횡재하는 도박 말이다.

"우리 선수들은 좋은 타격 자세를 가지고 있습니다. 저는 팀 사정 때문에 그런 타격 자세가 제 역할을 하지 못하는 게 싫습니다. 스케일이 커질 가능성이 있는데, 그 성장을 멈추게 하고 싶지 않은 겁니다."

아오키 감독의 훈련 지침에는 '모든 가능성은 이론에서 찾는다'라는 확고한 신념이 전제로 깔려 있는 듯했다. 어쩌면 이것이 야구의 원형일지 모른다.

잠시 후 나는 깨달았다. 야구가 미국에서 일본으로 건너온 때는 메이지 초기. 그 무렵 일본에 야구를 널리 보급한 인물 중에 시인 마사오카 시키(正岡子規, 1867~1902, 일본의 시인, 일본 국어학 연구자이며, 메이지 시

대를 대표하는 문인 가운데 한 사람-옮긴이)가 있었다. 그는 열일곱 살이었을 때 가이세이고(당시는 공립학교)에 재학 중이었다. 그가 쓴 야구해설서를 보면 다음과 같은 내용이 있다.

실책이 많이 있었는지, "이 놀이는 하는 사람이나 옆에서 지켜보는 사람이나 모두에게 위험하다." 타자는 "되도록 공을 강하게 치는 게 목적이며" 경기 규칙에 대한 설명도 적혀 있다. "홈에 들어온 선수가 많은 쪽이 경기에서 이기며", "예를 들어, 8대23으로 이긴 승부"를 대량 득점의 실례로 들고 있다. 그 후로 시간이 흐르면서 야구는 확실성이나 득점을 추구하게 되었다. 하지만 여기에 야구의 또 하나의 가능성이 있는 것은 아닐까.

가이세이고는 고시엔에 출전하게 될지도 모른다. 아니, 고시엔으로 가면 깜짝 놀랄 만한 이변이 일어날지 모른다. 야구의 짜릿함을 오랜만에 맛본 나는 가이세이의 새로운 진격을 지켜보기로 마음을 먹었다.

그로부터 4년. 목이 빠져라 기다리고 있었건만, 고시엔 출전 고등학교 명단에 가이세이고의 이름은 없었다. 그렇다면 그건 한순간의 꿈이었던가. 도대체 가이세이는 야구를 계속 하기나 했던 것인가. 나는 안부도 물을 겸 아오키 감독에게 연락을 했다. 그는 그동안 오만한 시기를 보냈다면서 올해부터는 놀라운 성과를 낼 거라는 예고를 했다. 그래서 내가 다시 가이세이고를 찾게 된 것이다. 그리고 본 것이다. 진화한 가이세이고의 야구를. 고시엔 출전은 그렇다 치고, 야구계 나아가 '야구'라는 개념 전체를 뒤흔들 수도 있는 그들의 플레이를.

2부

지지 않으려면 논리적으로

어쩌면 잘하고 있을지도 모른다…….

나는 4년 만에 가이세이고를 방문해서 선수들의 훈련 모습을 지켜보았다. 그런데 갑자기 정신이 퍼뜩 들었다. 선수들의 움직임은 예나 지금이나 변함없다. 한마디로 어색하다. 수비할 때 땅볼이 오면, "어!"하며 놀란 듯한 얼굴을 하고서는 일순간 선수의 몸이 굳어지고 만다. 타석에서 공을 칠 때도 공 네 개 정도는 차이가 날 정도로 배트를 엉뚱하게 휘두른다. 주루 플레이도 엉망진창이라서 운동장보다는 마치 달리기가 힘든 복도를 뛰어가는 것 같다.

하지만 예전과는 확실히 뭔가 다르게 느껴졌다. 실책이 크게 줄어들었던 것이다. 무엇보다 선수들이 캐치볼을 할 때 공을 놓치지 않았다. 잡기 어려운 공이 오면 점프를 하거나 백핸드로 잡는 모습이 간간이 눈에 띄었다. 예전에는 상상도 할 수 없는 모습이다. 물론 훈련이라서 캐치볼도 실전 때와는 다르겠지만, 아무튼 공을 놓치는 일이 눈에 띄게 준 것만은 사실이다. 그러니 놓친 공을 주우러 가는 시간 낭비도 덩달

아 줄었다. 왠지 훈련이 전체적으로 부드럽게 진행되는 듯했다.

야구 놀이? 야구 논리!

"보고 있는 사람이 위화감을 느끼지 않을 정도로는 수준 향상이 되었다고 생각합니다."

아오키 감독이 미소를 지었다. 실력이 늘었다기보다는 하수는 확실히 아니라는 뜻일 것이다.

수비 훈련을 시켰냐는 내 질문에 아오키 감독이 그렇다고 대답했다.

"그런데 수비 연습을 시켰지만 효과는 없었습니다. 타격 훈련만큼이나 수비 훈련에서도 선수들이 피로를 느끼니 효과가 적었습니다. 공 몇 개도 잡지를 못합니다. 공을 잡기 전에 타구를 어떻게 다뤄야 하는지에 대해서 선수들에게 '이론적으로' 가르쳤습니다."

"이론적으로요?"

"다른 팀이라면 자연스럽게 몸에 익히게 되는 것도, 우리 팀 선수들은 이론적으로 가르치지 않으면 안 되기 때문입니다."

"무슨 이론인데요?"

"공을 잡는 동작에는 두 가지 국면이 있습니다. 하나는 공을 쫓아 공을 잡기 쉬운 쪽으로 몸을 이동하는 국면이고, 다른 하나는 이제는 공을 쫓는 게 아니라 공을 잡는 국면입니다."

생각해보면 당연한 것이다. 그런데 감독이 설명을 늘어놓자 공을 잡

는 게 대단히 높은 수준의 기술을 필요로 하는 동작으로 들린다.

"공을 잡는 단계의 동작은 판에 박은 듯이 항상 일정하지 않으면 안 됩니다. 기계와 같다고 할 수 있죠. 등을 구부리고, 오른손잡이라면 오른쪽 다리의 위치를 정하고, 그 다음에 왼쪽 다리의 위치를 정한 뒤에 공을 잡습니다. 이와 다른 이상한 동작은 나올 수가 없습니다. 그런데 여기서 중요한 것은 '국면의 전환'입니다. 이 전환에서의 핵심을 정확하게 실행에 옮겨야 합니다."

"공을 쫓아가지만 잡을 수 없는 경우도 있지 않나요?"

나의 지적에 감독은 단호하게 답했다.

"그런 공은 우리 팀에서는 예외로 칩니다. 그런 공은 잡지 못해도 됩니다."

요컨대 기본동작에 부합된 공만을 잡는 것이다. 그 밖의 공은 고려하지 않는다. 모든 것은 먼저 기본동작에서부터, 그리고 기본동작은 이론에서부터 비롯되는 것이다. 이론이란 동작을 분해하는 것이다. 분해한다고 하면 몸이 배배 꼬이는 것 같은 기분이 들기도 하지만, 가이세이고에서는 이론이 큰 역할을 하고 있는 듯하다. 공이든 뭐든 그것을 땅에 놓고서 잡으라고 하면, 등을 구부리지 않은 채로 그것을 줍는 학생도 이 학교에 있었다는데, 감독은 야구공보다는 물건을 줍는 동작을 가르치는 것만 같다.

"이 동작이 되니까 공을 줍는 것도 빨라져서 다음 동작으로도 곧바로 이어질 수 있게 되었습니다."

감독은 기분 좋게 말했다.

"덕분에 수비는 그런대로 할 수 있게 되었습니다. 그런데 지금은 타력이 안 좋아졌습니다."

"그건 또 무슨 말씀이에요?"

"타력이 영 보잘 것 없어졌습니다. 우리 팀의 장점이 없어진 거죠."

안타까운 듯 머리를 갸웃거리는 아오키 감독이다. 수비 대신에 타선에서 상대팀을 압도해버리는 가이세이고의 야구가, 이제는 수비가 좋아지니 타력이 바닥을 기게 된 것이다.

"무슨 이유라도 있습니까?"

감독이 잠시 생각하더니 말문을 열었다.

"생각해볼 수 있는 것으로는 먼저 타격 연습량이 늘어났다는 것입니다."

"아니 연습을 많이 하면 좋은 건데, 그게 무슨 말씀인지?"

야구부 훈련은 전처럼 매주 한 차례만 운동장을 사용할 수 있는데, 보호망이 새롭게 설치되면서부터 한 번에 세 명이 타석에 들어설 수 있게 된 것이다. 게다가 매일 아침 수업 전에 운동장 한 쪽에서 타격 연습도 할 수 있게 되었다.

"예전에는 배팅 훈련 시간이 제한되어 있어서 선수들이 집중력을 발휘할 수 있었습니다만, 지금은 뭐랄까 별 생각 없이 그냥 휘두르기만 한다는 느낌입니다."

"그 정도인가요?"

"예. 훈련량이 늘었다고 하지만 원래부터가 너무 적었으니까요. 그 정도로까지 나타날 현상은 아닌데, 실제로 나타난 것입니다."

아오키 감독은 선수들의 타격 부진이 도무지 이해하기 어렵다고 했다. 훈련 시간이 늘어나면 확실히 실력이 향상되고, 그 시간이 많다 싶으면 역효과를 불러올 수도 있겠다는 건 나도 모르는 바는 아니다. 하지만 원래부터 훈련 시간이 적은데다 그것을 조금 늘린 것만으로 실력이 약해졌다는 것이다. 대체 이건 뭐지? 이론에서부터 시작하는 가이세이고의 야구는 이것도 이론에서 먼저 해결해야 하나.

지난 4년 동안의 가이세이고 경기 결과를 다시 살펴보자. 2007년 가이세이고는 도립 사쿠라마치고에 10-0(6회 콜드게임 승), 도립 고마스카와고에 5-3으로 승리해서 예선 대회에서 4회전에까지 진출했다. 그리고 강팀 슈토쿠고(그해에 준우승을 한 팀이다)에 1-0으로 패했다.

슈토쿠고의 1점은 5회, 3루타를 친 후에 희생플라이로 얻은 점수였다. 슈토쿠고는 상대팀을 압도하는 타격으로 유명한 팀이지만, 가이세이고가 그것을 보기 좋게 막았던 것이다. 마치 강팀끼리 맞붙은 경기에서나 나올 수 있는 점수였다. 아오키 감독에 따르면, 가이세이고는 "투수의 공도 좋았고, 수비수가 잡기 쉬운 공이 많았다." 다시 말해서, '예외'가 적었던 것이다. 한편, 공격에서는 안타도 쳤는데 폭발 한번 제대로 하지 못하고 끝나버린 듯했다. "어쨌거나 0점으로는 상대방을 이길 수 없다"(아오키 감독)면서, 가이세이고는 더욱 타격 연습에 힘을 쏟았다. 2008년 1회전에서 도립 가마타고에 24-0(5회 콜드게임 승)으로 압승을 했지만, 2회전에서는 다이학원에 14-2(7회 콜드게임 패)로 참패를 당했다. 그 후로 가이세이고는 공식 경기에서는 한 번도 승리하지 못했다. 2009년에는 도립 사쿠라마치고에 4-2, 2010년에는 이쿠분칸고에 9-1(8회 콜드게임 패)로 진 결과에서 알 수 있듯이, 슈토쿠고와 치른 1-0 승부 이후로 타력이 점점 약해진 것이다.

"슈토쿠고와의 시합에서 전략을 잘만 구사했다면 어쩌면 우리 학교가 이겼을지도 모릅니다. 그때 우리 팀은 주자도 누상에 나가 있었고, 득점 기회도 있었거든요."

아오키 감독이 지금도 뭔가를 아쉬워하고 후회하는 듯했다. 보내기 번트를 해서 스퀴즈 찬스를 만들었다면 1점을 얻었을지 모른다. 그렇게 된다면 슈토쿠고에 승리를 거둬, 여차하면 고시엔 출전의 꿈도 그 실현을 눈앞에 두고 있었을지 모를 일이다.

"일반적인 야구 전략으로 바꾸실 생각인가요?"

"아닙니다. 그래도 그 대회에서 4회전까지는 대량 득점을 올리는 야구를 했습니다. 게다가 현실적으로 생각하면, 일반적인 전략을 구사하기 위해서는 무엇보다 선수들의 달리기가 빨라야 합니다. 볼넷을 얻는 선구안과 타격 기술, 그리고 상황 판단도 필요합니다. 이것들은 훈련을 수없이 해야만 얻어지는 것들입니다. 우리 팀의 경우에는 훈련을 많이 할 수 있는 여건이 못 됩니다. 그렇다면 역시 기댈 것은 타격입니다. '과감하게 스윙하라'고 아이들에게 계속 주문을 합니다. 목표가 단순하고 명쾌하지요."

아오키 감독은 생각 끝에 가이세이고의 이론은, 결국 한 번에 상대팀의 기선을 제압해서 대량 득점을 올리고, 콜드게임 승을 올리는 전략을 극단적으로 펴는 것이라고 정리했다.

가까운 듯하면서도 머나먼 고시엔. 고시엔을 뒤흔드는 가이세이 타선을 기대했지만, 웬일인지 그 전에 가이세이고 쪽이 흔들리고 있는 것처럼 느껴졌다.

차가워져야 할 때, 뜨거워져야 할 때

1주일에 한 번 하는 운동장 훈련도 비가 내리면 할 수 없다. 게다가 귀중한 훈련 시간이라서 쉴 수도 없다. 그래서 선수들은 유도장에서 '셔틀 치기'를 한다. 셔틀이란 배드민턴 경기에서 사용하는 셔틀콕을 가리킨다. 2인1조가 되어 한 선수가 던지는 셔틀콕을 다른 선수가 배트로 치는 것이다. 얼핏 보면 놀고 있는 것 같지만, 이것은 일종의 멘털 트레이닝이기도 했다. 던지는 사람의 손에서 떨어지는 순간부터 셔틀콕의 속도는 확 줄어든다. 이것을 당황하지 않고 맞은편에 있는 선수가 친다. 선수들은 초조한 나머지 급하게 배트를 휘두를 때가 많지만, '사실은 공을 여유 있게 보는 것'을 온몸으로 느끼는 것이다. 나아가, 공이 날아오는 시간을 길게 느끼기 위한 정신수행이기도 한 것이다.

"우리 팀 훈련은 유별나서 재미있다고 생각합니다."

시원스럽게 말한 선수는 팀에서 주전 투수를 맡고 있는 다키구치 코스케 군(3학년)이다. 가이세이고에서는 던지는 게 어느 정도 안정적이면 투수로 기용되는데, 전체 선수 스물세 명 가운데 열 명이 투수이다. 그런데 그는 그 중에서도 3번 타자이기도 하다. 게다가 주장까지 맡고 있어 이른바 팀의 핵심 선수가 바로 다키구치 군이다.

"유별나다니요?"

"예. 수비 훈련은 거의 하지 않습니다. 그리고 무엇보다도 훈련할 때 조용하거든요."

듣자니, 다키구치 군은 중학교는 간사이 지역에서 다녔는데, 고등학교는 이곳 간토의 가이세이고에 입학했다. 그가 중학생 때 들어간 야구부의 훈련은 오로지 수비 훈련과 '함성 지르기'가 전부인 것처럼 느껴졌다고 한다. '함성 지르기'란 말 그대로 소리를 크게 내는 훈련이다. 홈베이스에서 '안녕하십니까!'를 외친 다음, 중견수 뒤쪽에 있는 녹색의 백스크린에 있는 감독에게 정해진 시간 내에 달려가면 '합격!'이고, 그렇지 못하면 '한 번 더!' 뛰는 훈련을 했다고 한다.

"저는 다른 지방에서 왔는데, 팀에 활기를 불어넣고 싶습니다. 야구는 기세와 흐름으로 경기를 만들어 가는 것이니까요."

다키구치 군은 상대팀의 정신을 쏙 빼버리는 가이세이고의 이른바 도깨비 타선의 연출을 담당하는 듯했다. 그래서 다키구치 군이 머리를 박박 밀었나? 사실 그는 연습 경기에서도 적극적으로 소리를 내질렀다. "기합을 넣자!"면서 손뼉을 치고 날카로운 목소리로 선수들을 고무한다. 그러면 선수들도 "기합! 기합! 기합!", "마음껏 치자!", "좋아! 좋

'자신감'이란 꾸준하게
노력하는 과정에서
자연스럽게 생겨나는 마음이다.
공부도 야구도 그리고 일도 마찬가지다.
연습은 거짓말을 하지 않는다.
잘하고 못하고를 떠나서 하루도 빠짐없이
해 나가다보면 자신도 모르는 사이에
자신감이 생기는 것이다. 성실하고 꾸준한
노력 없이도 자신감이 넘친다면
그건 자신감을 빙자한 자만심이다.

아!"라고 호응을 하거나, "너희들, 여기서 안 가고 뭐하는 거야!"라며 시비조로 소리를 내지른다.

여기에 자극을 받았는지 1학년생들이 "자!자!자! 쳐!쳐!쳐!"라며 마치 시장통에서 상인들이 경쟁이라도 하며 내는 듯한 뜻 모를 소리를 지르는 것이다. 그러다 갑자기 '지금 우리가 무슨 말을 하고 있는 거지?'라는 생각이 머릿속에 드는지 분위기가 갑자기 썰렁해져 선수 전원이 입을 다문다. 그리고는 잠시 정적이 흐른다. 끝내는, 이 모습을 지켜보면서 화가 나 있는 감독으로부터 "소리를 지르는 분위기에 눌리면 대체 뭘 어쩌자는 거야!"라는 지적을 받는 것이었다.

"우리 모두가 소리 지르기를 제대로 이해하지 못하고 있는 겁니다."

손짓을 섞어가며 말을 하는 다키구치 군이다. 훈련을 하면서도 손가락으로 확인하는 듯한 동작이 눈에 띄었다.

"이해하지 못하다니요?"

"누상에 주자가 나가 있어서 경기 분위기가 고조될 때가 있습니다. 이런 때는 머리가 갑자기 확 뜨거워져 폭발하는 것처럼 되기 때문에 일부러 냉정을 유지해야 합니다. 소리 지르기는 분위기가 좋지 않을 때에 기운을 돋우기 위해서 하는 겁니다. 분위기 고조를 위해서 소리를 지르고, 분위기가 상승되는 것은 객관적인 현상입니다. 어느 쪽이든 정신적인 게 가장 제어하기 어렵습니다."

"음, 과연."

나는 그의 말이 논리정연하다고 느꼈다. 덧붙여 말하면, 다키구치 군

이 자신 있어 하는 과목은 물리와 윤리·사회, 정치·경제다. 그는 뭐든지 이론이 체계적으로 잡힌 것이 좋고, 야구도 이론적으로 납득이 된 상태에서 경기에 임하면 그보다 좋은 것은 없다고 했다.

"야구의 어떤 점이 재미있나요?"

내 질문에 다키구치 군이 수줍어하는 듯이 미소를 지었다.

"역시 '수읽기'입니다. 바꿔 말하면 '예측'이라고 할 수 있죠. 상대팀이 어떤 작전을 들고 나올까를 머리를 써서 파악하는 게 재미있습니다."

"다른 운동 경기에는 흥미가 없나요?"

"야구 시합의 경우에는 '사이[間]'가 있잖아요. 공수교대든 다음 선수가 타석에 들어설 때든, 플레이와 플레이 사이에 잠시 쉴 시간이 있는데, 그때 짬짬이 생각할 수 있습니다. 그것이 다른 운동 경기에서는 찾아볼 수 없는 야구만의 매력이라고 생각합니다."

"공부하는 데에도 생각할 시간이 있잖습니까?"

"근데요, 공부는 맞설 상대팀이 없잖아요. 할 게 정해지고 그것을 완료하면 어느 정도의 결과는 나오기 마련입니다. 그런데 야구 시합의 경우에는 상황에 따라서 어느 패턴으로 하면 좋을지 등을 그때그때 바로바로 생각하지 않으면 안 됩니다."

한마디로 임기응변에 능하고 싶다는 다키구치 군이다. 그는 마운드에서의 동작도 독특했다. 예를 들어, 첫 번째 공은 오버스로우로 던진다. 그리고는 왠지 어깨가 좋지 않다고 느껴지면, 두 번째 공은 사이드스로우로 던진다. 이것도 잘 맞지 않다는 생각이 들면, 세 번째 공은 아예 언더스로우로 던진다. 그래도 상태가 나아지지 않으면 오버스로우로 다시 돌아온다. 던지는 자신의 상태에 따라서 타자의 타격에 변화를 주는 것이다. 말하자면 투수가 이게 안 되면 저걸 해보는, 이른바 시행착오 투구를 하는 것이다. 그 결과 타자들은 "대체 저 투수는 뭐야?"라며 혼란스러워 하는 것이다.

순간을 만끽하는 아이들

7번 타자이자 우익수를 맡고 있는 곤도 슌이치 군(3학년)도 다키구치 군처럼, "분위기가 고조될 때에는 분위기를 고조시킬 필요가 없다"고 말한다. 그가 다키구치 군과 차이를 조금 보이는 것은, 곤도 군 본인이 감정의 기복을 많이 타는 성격이라서 "팀 전체의 분위기가 고조될 때에는 그 분위기에 편승해서 굳이 자기까지 기분이 고조될 필요는 없다"고 생각한다는 점이다. 요컨대 곤도 군은 자동사격인 '(기분이) 업되다'와 타동사격인 '(기분을) 업시키다'의 차이를 구분한 것이다.

곤도 군은 호리호리한 몸을 쥐어짜는 듯한 자세로 타석에 들어섰다. 멀리서 보면 마치 끝이 엉켜 있는 모습처럼 보이는데, 그 자세를 하고서 3루타를 치기도 한다. 일반적인 야구 전술 이론에 따르면 7번 타자는 하위 타자다. 그러나 가이세이고의 7번 타자는 이들의 한바탕 소통에 가까운 이른바 '우당탕' 야구의 계기를 마련하는 중요한 역할을 담

당하는 타자다.

"야구는 운동 신경이나 경기 감각에 구애받지 않기 때문에 제게 맞습니다."

곤도 군이 수줍은 듯 조용히 말한다. 그는 처음에는 2루수를 맡았지만 그보다 잘하는 선수가 있어 외야수를 맡았다고 한다. 외야에서도 그보다 수비를 잘하는 선수가 있어서, 그 선수가 중견수가 되면 곤도 군은 우익수가 되었고, 그 선수가 1루수가 되면 곤도 군이 중견수가 되었다고 한다. 꽤나 스스로를 낮춰가며 수비를 담당했던 것 같다.

"저는 칠 것 같을 때와 그렇지 않을 때가 뚜렷하게 구분됩니다."

곤도 군이 말을 하면서 고개를 끄덕인다.

"칠 것 같은 때는 어떻게 되는데요?"

"그때는 칩니다. 근데 치지 못 할 것 같은 때는 정말로 못칩니다."

"투수에 따라서 달라진다는 뜻인가요?"

"투수는 관계없습니다. 어디까지나 제 자신의 문제입니다."

"본인의 컨디션에 따라 달라진다는 말인가요?"

"컨디션이 아닙니다."

"그럼, 정신적인 스트레스?"

"아닙니다."

"그럼, 뭡니까?"

"잘 모르겠습니다만, 지난 번 시합이 잘 풀렸으면, 그 다음 시합에서 잘 칠 것 같은 느낌이 듭니다."

연습 경기에서도 그는 지난 번 시합에서 대적했던 상대팀 투수의 투구 타이밍에 맞춰 배트를 흔든다. 그런데 여기서 타이밍을 맞추지 못하면 그 다음부터는 계속해서 치지 못하게 되는 악순환에 빠진다는 것이다.

"그럼, 어떻게 해야 되는데요?"

곤도 군이 바로 대답했다.

"항상 칠 것 같은 기분을 만드는 겁니다."

그는 처음의 문제 설정을 떠올리며 그 해법을 찾고 있었다.

"그런 기분은 어떻게 만드나요?"

"새삼스럽지만, 치지 못할 것 같은 때는 시험 등이 겹쳐서 훈련 시간이 없을 때거든요. 그래서 시험 전이라고 해도 집에서 타격 훈련만은 빼놓지 않고 하고 있습니다. 실제로 효과가 있는지 없는지는 별개로 하더라도 아무것도 하지 않는 것보다는 마음이 좀 편안하다고 생각해서요."

듣고 보면, 매일 훈련할 수밖에 없다는 단순한 얘기다. 결국 잘 할 수 있을 것 같은 기분을 만드는 것은 쉽지 않고 조금씩이라도 꾸준히 연습하는 것이다. 공부도 야구도 마찬가지다. 잘하고 못하고를 떠나서 하루도 빠짐없이 해 나가다보면 자신도 모르는 사이에 자신감이 생기는 것이다. 자신감은 뭔가 잘 될 것 같은 긍정적인 마음을 불러일으킨다. 곤도 군은 공부뿐만 아니라 야구에서도 어떻게 하면 긍정적인 마인드를 만들 수 있는지를 터득한 것이다. 이처럼 가이세이고 선수들은 이론적으로 이해가 돼야지만 무엇이든 받아들이는 듯했다.

8번 타자이자 좌익수를 맡고 있는 시라이 신이치로 군(3학년)도 그랬다. 그는 야구가 좋다고 말한다. 야구의 무엇이 좋은지를 물었다.

"야구처럼 해본 것이 없어서 비교할 수 없지만, 야구가 좋기 때문에 이렇게 노력하고 있다고 생각합니다."

시원시원하게 대답하는 시라이 군이다. 논리가 정연해서 메모하기도 어렵지 않다. 덧붙여 말하면, 그는 사법시험 합격이 목표인 학생이다. "높은 사회적 지위에 오르고 싶다기보다는, 독립된 일에 종사한다면 좋아하는 사람과 결혼해서 자식을 낳아 함께 보내는 시간을 많이 가질 수 있기 때문"이라는 게 법학을 공부하려는 이유다. 자영업을 하는 아버지가 가족과의 시간을 중요하게 여기는 것을 어려서부터 보고 자라서 그런지, 그것에 영향을 받아서 세운 인생의 미래 설계였다.

"야구는 제가 지금 가장 심혈을 기울려 노력하는 것입니다. 물론 야구 대회가 끝나면 대학 입시가 되겠지만요."

"어떤 노력을 한다는 거죠?"

"제 야구 실력이 좋지 않다는 것을 누구보다도 제 스스로 잘 알고 있기 때문에, 저는 남들보다 더 많은 훈련을 할 수밖에 없습니다. 그래서 하루도 빠지지 않고 매일, 아침 훈련을 합니다. 훈련하는 태도에 대해서는 제가 남보다 뒤지지 않는다고 생각합니다. 근데 그게 무슨 이유 때문인지는 몰라도 막상 시합할 때에는 잘 안 되더라고요. 타격이 안 되니까 수비를 할 때에도 그것만 생각해요. 원래 타격은 잘 쳐도 3할이기 때문에 잘하는 게 그렇게까지 어렵진 않은데 말이죠. 결국 이것은 정신적인 문제가 아닌가 싶습니다."

학생들의 말을 듣자니, 야구보다는 뭔가 인생을 이야기하는 자리를 그들과 함께 하고 있는 것만 같다. 나는 그들에게, 그렇게까지 심각하게 생각하지 않는 게 좋겠다고 한마디 조언이라도 할까 생각했다. 하지만 오로지 하나밖에 모르고 그것에만 열중에는 학생들의 표정을 보면서 하고픈 말을 입안으로 다시 삼켰다.

"역시 준비가 중요하더라고요."

스스로 답을 내놓는 시라이 군이다.

"어떤 준비죠?"

"수비할 때도 미리 머릿속으로는 공을 던지는 이미지를 떠올리거나, 잘하는 사람들의 흉내를 내는 것이 중요하다고 생각합니다."

뭐라 대답해야 할지를 몰라 나는 일단 머리를 끄덕였다.

시라이 군이 쓴 모자의 챙 안쪽에는 매직펜으로 굵은 글씨로 쓴, '적극적으로!'라는 문구가 적혀 있었다. 소극적인 성격이라서 적극적으로 되고 싶은 바람을 적어 넣은 것으로 보이는데, 그 진지함이 왠지 애처롭게까지 느껴진다.

"저는 타석에 들어서는 게 좋습니다."

그는 뭔가 생각난 듯 중얼거렸다. 내가 그 이유를 물었다.

"타석에는 혼자만이 설 수 있습니다. 그러면 주변의 시선을 한몸에 받게 되죠. 그리고는 나만의 시간이 주어지지요."

"야구 말고는 그런 게 없나요?"

"그렇지는 않습니다. 극단적으로 말하면, 모든 일상생활이 그렇다고 생각합니다. 주변의 시선을 한몸에 받으면서 타석에 서 있는 듯한 정신 상태를 유지하면, 반드시 좋은 결과가 나온다고 생각합니다."

"매일을 그런 식으로 보내고 있나요?"

"예, 그렇습니다."

시라이 군은 인터뷰를 하는 내내 진지한 자세를 지키고 있다. "스스로 결정한 것은 확실하게 마무리를 짓는 타입"이라고 분명히 말하는 그의 모습에, 나도 모르게 "파이팅!"이라는 소리가 흘러나왔다.

못하는 자에게도 긍지는 있다!

여름에 열리는 고시엔 대회에 출전하게 될 고등학교를 결정짓는 동 동경 예선 대회는 7월에 열린다. 각 고등학교와 감독들은 서로 연락을 해서 연습 경기 일정을 잡는다. 가이세이고도 주말에 경기 일정이 잡혔다.

그날의 시합은 가이세이고 운동장에서 열렸다. 상대팀은 2010년 예선에서 4회전까지 진출한 세이료고이다. 가이세이고 선수들은 경기 시작 두 시간 전에 집합해서 운동장을 정비했다. 선수들은 주장 다키구치 군의 구령에 따라 축구 골대와 의자들을 옮기고 네트를 쳤다. 선수들은 시합 중에 부상이 발생하지 않도록 하기 위해서 운동장의 흙을 고르고,

부드럽고 폭신폭신한 베이스를 설치하고, 선을 그린다. 다른 학교처럼 야구 전용 구장이 없기 때문에, 경기장 정비라고 하기보다는 교내 운동장을 야구장으로 바꾸는 대형 공사처럼 보인다. 가이세이고 선수들은 경기 시작 전부터 벌써 녹초가 된 듯 피곤해 보였다.

정비가 끝날 즈음, 유니폼을 입은 세이료고 선수들이 열을 지어 운동장으로 들어온다. 내 앞에서도 모자를 벗어 "안녕하십니까! 잘 부탁드립니다!", "그럼, 실례하겠습니다!"라고 인사를 하고서는 씩씩하게 운동장을 달린다. 잠시 후 그들은 까마귀 무리라도 몰려든 것처럼 원형으로 모여서는 "까악! 까악!" 소리를 지르며 일제히 준비운동을 시작한다.

한편, 가이세이고는 홈경기라서 그런지 왠지 여유로워 보였다. 세이료고의 훈련을 보면서 "잘하는데!", "훈련도 열심인데!"라며 감탄하는 선수들이 있는가 하면, 운동장에 그은 선이 오른쪽보다 왼쪽이 더 길었는지 다리를 뻗어 선을 지우는가 하면, 뭔가 찾는 물건이라도 있는 듯 운동장 옆을 왔다 갔다 하는 선수도 있다. 운동장을 경기장으로 바꾼 것만으로도 뭔가 큰일을 해낸 것 같으면서도, 나른한 풍경이다. 승부는 이제부터다, 라는 기합을 불어넣기 위해서라도 일제히 준비운동을 시켜야 되지 않느냐고 내가 아오키 감독에 물으니, 그에게서 돌아온 대답이 이랬다.

"우리 팀은 단체로 하는 준비운동 같은 거는 하지 않습니다. 선수 개개인은 저마다 준비하는 게 모두 다릅니다. 그게 모두 갖추어진다면 평

균 80% 수준은 될지 모르겠습니다만, 우리 팀이 목표로 하는 100%, 120%에는 도달할 수 없습니다."

내가 다시 물었다.

"그래도 자칫하면 80%도 못하는 건 아닌가요?"

아오키 감독이 딱 잘라 말했다.

"그래도 도박을 해야 합니다. 그게 무질서로 비쳐지든 프로팀을 능가하는 워밍업으로 비쳐지든, 우리 팀은 대충대충 하면 안 됩니다."

하지만 어느 쪽이냐면, 오늘은 무질서에 가까워 보인다. 아오키 감독이 선수들을 향해 소릴 질렀다.

"너희들이 하는 건 준비다! 허비할 시간이 어디 있나! 빨리! 빨리! 빨리, 좀 해라! 급한 건 내가 아니란 말이다. 난 당연한 것을 말하고 있는 거다!"

아오키 감독이 지시를 내렸다.

"집합!"

주장인 다키구치 군이 "집합!"이라고 외친다. 이어서 선수들이 "집합!", "집합!", "집합!"이라고 구령을 외치면서 한 자리로 모였다.

"한마디만 하겠다."

선수들이 감독을 주시한다.

"무조건 승리다."

"예!"

기합을 외치며 선수 전원이 홈베이스 쪽으로 달려간다. 그리고는 한

줄로 서서 인사를 한다.

주장인 다키구치 군이 "자! 자! 자!"라고 먼저 외치면, 이어서 다른 선수들이 "좋아! 좋아! 좋아!", "늦지 말자!", "준비! 준비!", "해치우자!"라고 길게 기합을 외친다.

기합은 기합일 뿐이다. 잘 보면, 소리를 내는 것도 사람의 일인지라 소리를 그치면 역시나 또 태평한 모습이다. 그 짧은 순간도 그냥 보내기 아까운지, 쉬고 있는 것이다. 무슨 생각할 거라도 있는 건지.

1회 말, 가이세이고의 공격이다. 1번 타자 후지타 토모야 군(2학년)이 타석에 들어선다. 타격 자세를 큼지막하게 취하는 후지타 군이 왼쪽 다리를 들어 발목을 흔들거린다. 배트를 쥐어든 손목도 흔들거리는데, 그 둘을 동시에 흔들거리면서 타격 타이밍을 맞추고 있는 것이다. 그렇게 과감한 배팅으로 공을 쳤는데, 친 공이 3루수 쪽으로 일직선으로 날아가 잡혀서 아웃된다.

다음, 2번 타자 나가에 유타카 군(3학년)이 타석에 들어선다. 타격 자세가 부드럽다. 배트를 위쪽으로 들고 서 있는 자세가 마치 사찰에서 불상을 지키고 서 있는 인왕상(仁王像)[금강역사(金剛力士), 이왕(二王), 이천왕(二天王) 등으로도 불린다-옮긴이]을 떠올리는 자세다. 보기에도 칠 것만 같은 기대감을 느끼게 해주는데, 갑자기 후지타 군이 2루타를 친다. 이어서 3번 타자 다키구치 군도 야구 교과서에 나오는 설명 그대로의 스윙으로 깨끗하게 중견수 앞 안타를 치고 출루한다. 게다가 4번 타자 후루야 토오루 군(3학년)도 우익수 앞 안타를 쳤다. 눈 깜짝할 사이에 가이세이고가 1점을 먼저 얻었다.

혹시 모른다. 가이세이고가 강팀일 수도 있다는 것을. 바로 이런 장면이야말로 타격으로 상대방을 압도하는 가이세이고임에 틀림없다고 감탄을 하는데, 아오키 감독이 운동장을 향해 소릴 질렀다.

"당연한 것 가지고 뭘 그래! 우리들은 남들이 하기 어려운 것을 하려는 팀이다! 1점으로 좋아하지 마라!"

그런데 웬걸. 공격은 거기서 끝났다. 그 뒤로 두 명의 타자가 뜬공으로 계속해서 아웃된 것이다. 이제 겨우 공격 한 번 한 것 같은데 말이다.

가이세이고의 투수는 3학년생인 오키 타쿠토 군이다. 그는 싱가포르의 일본인학교에서 가이세이고로 전학을 온 학생이다. 2학년까지는 외야수였지만 본인이 원해서 투수가 되었다고 한다. 내가 그 이유를 물으니 오키 군이 웃으면서 말했다.

"저는 평상시에 시간을 끄는 타입이거든요."

"그래요?"

나는 되물었다. 사소한 것까지도 고민하는 성격이 야구와 무슨 관계라도 있다는 건가.

"음, 야구가 좋아요. 야구는 공격과 수비가 분명하게 나뉘어 있잖아요. 저는 축구처럼 공격과 수비가 뒤엉켜 정신 사납게 축구공을 쫓아다니는 걸 잘 못합니다. 근데 야구에서는 시간을 지연시킬 수가 있잖아요. 게다가 저는 전환하는 게 서툴거든요."

"그게 투수와 무슨 관계가 있다는 건가요?"

"팀이 수비에 들어가면 투수는 할 일이 있잖아요."

"공 던지는 거요?"

"예. 투수는 던지는 그것 하나만 하면 되니까 시간을 끌어도 경기에 그렇게까지 영향을 크게 미치지 않는다고 생각합니다. 투수란 게 공격으로부터 수비로 가장 빨리 전환하지 않으면 안 되는 포지션이라서 투수로 전환한 겁니다. 제 자신이 실제로 바뀌는 것은 별개로 해도요."

삶을 바꾸기 위해서 오키 군이 선택한 포지션은 투수였다. 마치 일상생활에서의 재활 치료를 겸하고 있는 것 같았다. 그래서일까, 오키 군은 전방을 향해 온몸을 던지듯이 전력투구를 하고 있는 것이다.

오키 군이 마운드에서 포수에게 공을 던지자, 아오키 감독이 소릴 질렀다.

"기운이 빠질 정도로 힘주어 던지지 마라!"

"제구 같은 건 하지 말라니까!"

"타자를 제압할 생각은 집어 치워!"

"타자가 치기 좋게 던지란 말이야! 치기 좋게!"

캐치볼을 하는 것처럼 스트라이크성 볼을 던지는 것이 가이세이고 투수들의 임무인 것이다. 마운드에서 머리를 끄덕이는 오키 군. 공격과 수비 전환을 쉽게 하려고 투수가 되었다는 오키 군은 경기할 때마다 1회가 가장 어렵다고 한다. 상대팀 타자를 파악하지 못한 채로 마운드에 오르기 때문에 무엇부터 바꿀지를 결정하지 못하는 것이다. 감독이 곧바로 지시를 내렸다.

"투수라고 생각하지 마!"

"야구처럼 하려고 하지 말란 말이다!"

분명히, '야구를 하다'와 '야구처럼 하다'는 다를 것이다. 야구니까 야구를 하려고 결심했는데, '야구처럼 하려고 한다'는 의미까지 더해지는 상황이니, 가이세이고 선수들이 제구 하나도 제대로 못하는 것이다. 아오키 감독의 지시에 선문답과 같은 측면도 있지만, 오키 군이 그것을 이해했는지, 상대팀의 선두 타자는 수비수에게로 가는 라인드라이브로, 2번 타자는 파울플라이로, 3번 타자는 삼진으로 잡아냈다. 오키 군이 최선을 다해서 상대팀의 공격을 막아낸 것이다.

사인대로? 마음 내키는 대로 해!

2회는 양 팀 모두 삼자범퇴로 끝났다. 그리고 3회 말. 가이세이고는 2번 타자 나가에 군이 중견수를 넘기는 시원한 2루타를 쳤다. 4번 타자 후루야 군과 5번 타자 오키 군이 연속해서 2루타를 쳐서 마침내 2점을 얻었다. 그러나 후속타는 터지지 않았다.

한편, 가이세이고의 야구에는 사인플레이라는 게 없다. 아오키 감독이 입으로 말하는 게 지시의 전부이다. 예를 들면, 선수가 타석에 들어서서는 스윙 자세가 영 어색하고 이상하면, 감독이 화를 참지 못하고 소릴 지른다.

"그게 스윙이야?"

반대로 선수가 시원시원하게 스윙을 하고 삼구삼진으로 물러나면, 감독이 흥분한 상태에서 칭찬을 한다.

"나이스 스윙!"

감독이 이러니, 상대팀으로서는 서툰 사인플레이보다 뭔가 더 헷갈릴 것 같다. 요컨대, 감독은 선수들에게 잔재주를 부리지 말라든가 크게 한번 승부수를 띄워보라든가, 아니면 선수들이 실수라도 할라치면 고래고래 고함을 치며 선수들을 질책하는 것이다. 그런데 감독의 말과 소리가 많아지고 커질수록 가이세이고의 선수들은 더 위축되는 것이다.

4회 말에 가이세이고에게 다시 기회가 왔다. 7번 타자 곤도 군은 우익수 앞 안타로, 8번 타자 시라이 군은 좌익수 앞 안타로 출루했다. 그리고 1번 타자 후지타 군은 볼넷으로 출루했다. 계속해서 나가에 군도 볼넷으로 출루했다. 이렇게 밀어내기로 가이세이고가 1점을 더 얻었다. 게다가 다키구치 군이 좌익수 앞 안타를 치고, 후루야 군이 중견수 희생플라이를 쳐서 다시 1점을 추가했다.

"우당탕! 우당탕! 알겠어?"

"한눈팔지 말고 정신 바짝 차려!"

아오키 감독이 절규라도 하는 것 같다. 감독은, 우당탕 한바탕 소란스런 기세를 만들어서, 이른바 도깨비 타선의 힘으로 대량 득점하라는 지시를 내린다. 그런데 도깨비 타선의 공격은 이것으로 끝. 그 후 가이세이고는 8회와 9회에도 2점을 더 얻어서, 최종 점수 10-5로 세이료고에

승리했다. 그런데 아오키 감독은 경기 내용에 대해서 화를 냈다.

"이게 강팀이냐?"

시합에서 이겼기 때문에 가이세이고 야구부가 강해보였다. 하지만 이런 전력을 가지고는 동동경 예선 대회에서 승리를 바랄 수는 없는 노릇이었다. 1회, 3회, 4회에 맞은 득점 기회에서 15점 정도는 얻었어야 했던 것이다.

"대체 너희들은 타석에서 하는 게 뭔데! 안타를 치겠다고? 천만의 말씀! 그게 아니다! 안타를 칠 생각을 하지 말라고! 스윙을 제대로 하란 말이야!, 스윙을! 타석에선 공을 치지 말고 날아오는 물체를 치라고!"

감독은, 이를 테면 '야구'를 하지 말라고 말하고 싶은 것이다.

"우리 팀은 아기자기한 작전 야구라든가 얄팍한 실력을 앞세우는 그런 야구를 하지 않는다. 우리 팀은 우리들이 하고 싶은 우리들만의 방식으로 상대팀을 곤경에 빠트려야 한다. 우리 팀이 질지도 모른다. 이길 수도 있지만 질 수도 있다. 다만 승리의 가능성을 높이자는 거다! 그렇게만 된다면 고쿠시칸고나 데이코고에게도 대적할 수 있다. 알겠나?"

아오키 감독이 주먹을 불끈 쥐고 열을 냈다. 한마디로 격앙된 모습이었다. 약자의 전략이자 실력이 모자란 자의 자존심이라고 해야 할까. 하수가 고수가 돼서 이기는 게 아니라, 하수가 하수로서 상대방을 이기는 것이다.

선수들은 조용하고 온순했는데, 잘 보면 저마다 머릿속으로 뭔가에 골몰하고 있는 것처럼 보인다. 짐작컨대, 선수들은 "저희들은 감독의 말씀을 열심히 듣고 있습니다"는 동작을 논리적으로 외관상으로 보여주고 있는 듯했다. 그런데 이 같은 모습은 시합 중의 플레이에서도 나타났다. 수비할 때에는 공이 오면 잡고, 잡은 공은 던진다. 타격할 때에도 공이 오면 치고, 칠 것 같으니까 공을 치고, 공을 쳤으면 내달린다는 상황에 맞춰 선수들이 논리적으로 대처하는 것처럼 비쳐지는 것이다. 마치 느긋하게 논리와 논리의 사이를 거니는 듯하다. 나 역시 느긋한 사람이라서 그 느낌을 좀 안다. 느긋하면 일상생활에서는 더디거나 게을러지기 마련이다. 아오키 감독이 오키 군에게 지시했던 것처럼, 야구를 하고 있는데 '야구처럼 하려고 하면' 그것만으로도 발동이 늦게 걸린다. 그것은 이치부터 따지고 들어가는 가이세이고의 숙명과도 같은 것이어서, 그렇기 때문에 공격에서라면 그들은 일거에 대량득점을 올려야만 하는 것이다.

전화위복

연습 경기가 끝나자 선수들은 해가 질 무렵까지 개인 훈련을 했다. 야간 조명 시설이 없는 가이세이고에서는 공을 볼 수 있는 시간이 무척 소중하다. 선수들이 연습하는 모습을 보노라니, 한눈에 들어오는 선수가 있다. 연습 경기에서 시원시원하게 연타석 2루타를 친, 185센티미터의 큰 키에 당당한 체격을 자랑하는 나가에 유타카 군이었다. 몸무게를 물었다.

"전에는 96킬로그램이었습니다. 그런데 어제 재보니 92킬로그램이 나왔어요. 창피한데요. 어쨌든 좀 많이 나가는 편입니다."

나가에 군이 웃으면서 대답한다. 햇볕에 그을린 얼굴에, 이빨은 하얗다. 마치 강팀의 대표선수 같은 풍채를 자랑하는 선수다. 그는 행동도 경쾌해서 주변의 분위기도 확 바꾸는 듯했다. 보통 연습 경기에서도 나가에 군이 친 타구는 눈 깜짝할 사이에 운동장 밖으로까지 날아간다. 확실히 잘 치기 때문에 금속배트가 아닌 나무배트를 사용할 정도이다.

"저는 프로야구팀에 가고 싶습니다."

나가에 군이 느닷없이 말문을 열었다.

나는 눈이 휘둥그레졌다.

"무슨 팀요?"

"프로팀요. 할 수만 있다면 미국 프로야구 선수가 되고 싶습니다. 저를 제 정신이 아니라고 생각하실지 모르겠지만요. 제 최종 목표는 홈런 세계신기록을 세우는 겁니다. 그렇다고 그 기록을 대수롭지 않게 얕잡아 보는 것은 아닙니다."

"아, 네."

고시엔 출전은커녕 그보다 더한 것을 목표로 삼고 있는 나가에 군이다. 그는 어렸을 때부터 공으로 하는 놀이라면 뭐든 잘했다고 한다. TV에 나오는 해설을 듣고서 곧바로 요령을 터득해서는 체육 수업에서 축구를 할 때에 동급생인 상대팀 선수를 상대로, 후반전에는 뛰지 않겠다고 설명이라도 하는 듯한 분위기를 풍긴다.

야구를 시작한 때는 초등학교 1학년 무렵. 중학생이었을 때는 가이세이중학교에서 연식야구부에 들어갔고, 고향 야구 대회에서 활약을 하기도 했단다.

"가이세이고에 진학하게 된 배경은요?"

그새를 못 참고 내가 물었다. 이렇게 말하면 실례지만, 나가에 군은 이른바 입시 명문고 학생처럼 보이지 않았기 때문이다.

"초등학교 다닐 때에 중학교 입시 전문 학원에 다녔습니다. 거기서 최상위반에 있긴 했는데요. 주변 아이들이 모두 가이세이를 간다고 하니까. 저도 그냥 가이세이중학교를 시험 보게 된 겁니다. 공부를 열심히 하지도 않았고요. 어찌하다 보니 가이세이에 들어오게 된 겁니다. 사실은 와세다실업학교에 들어가고 싶었거든요."

나가에 군은 아무렇지도 않게 말했다.

"근데 가이세이고는 전문고등학교가 아니잖아요."

내 말을 듣더니 나가에 군이 웃음을 터트렸다.

"오히려 가이세이고에 왔기 때문에 프로야구 선수가 되겠다는 생각을 하게 된 겁니다."

"무슨 뜻이에요?"

"프로팀 선수가 되기에는 가이세이고는 최악의 환경입니다. 맞습니다. 변변한 야구 관련 장비나 시설도 없고 운동장도 마음껏 쓸 수 없습니다. 근데 뭐랄까, 여기서 열심히 하면 그 다음에는 뭐든지 잘 할 수 있을 것만 같은 생각이 들더라고요. 실제로 프로야구에서 활약하고 있는

많은 선수들은 이른바 야구 수재 엘리트 코스를 거치지 않았거든요. 프로팀 선수에겐 자기관리가 무엇보다 중요하다고 생각합니다. 그 점에서 가이세이고 선수들은 모든 것을 본인이 알아서 관리해야만 합니다. 진정한 야구의 엄정함은 인간관계가 아니라 바로 자기관리에 있다고 생각합니다."

환경 조건이 최악이라는 바로 그 이유 때문에 가이세이고가 최적의 환경을 제공한다는 말인가. 전화위복(轉禍爲福)의 미덕이라고 해야 할까. 나가에 군은 아침은 물론 10분 동안의 쉬는 시간에도 빼놓지 않고 복도에서 횡횡 소리가 날 정도로 스윙 연습을 하고 있단다.

"공부는 어때요? 괜찮아요?"

나는 조금씩 걱정이 되기 시작했다. 타격에 집중하는 게 이해가 되지만, 그 정도로까지 집중하지 않아도 되는 거 아닌가.

"공부는 하지 않습니다. 학원도 그만두었습니다."

"뭐라고요?"

"공부 때문에 야구를 못하네, 야구 때문에 공부를 못하네, 하는 따위의 변명은 하고 싶지 않았습니다. 양쪽 모두를 어설프게 할 수는 없잖습니까. 그래서 공부를 그만두겠다고 생각한 겁니다."

지나친 논리의 비약이라고 해야 하나. 나가에 군이 친 야구공의 궤적처럼 논리도 저 멀리 날아가 버린 걸까. 나는 잠시도 한눈을 팔면 안 될 것 같은 생각이 들었다.

3부

그들은 여전히 뭔가를
기다리고 있다

　　　"야구는 플레이와 플레이 사이에 생각할 시간이 있습니다." 주장인 다키구치 군이 그런 말을 했는데, 확실히 야구 시합에서는 플레이보다는 기다리는 시간이 더 길다. 수비를 하는 선수들은 공이 제 앞으로 오는 것을 그저 기다리면 되는데, 어떨 때에는 공이 한 번도 수비수 앞으로 가지 않기도 한다. 타자들도 그저 자신의 타순을 기다리고, 타석에 들어서서는 이번에는 투수가 던지는 공을 기다린다. 투수도 공을 던질 타이밍을 기다린다. 모두가 뭔가를 기다리고 있는 것이다. 기다리는 시간들 사이에 플레이가 있고, 경기를 관람하는 나도 선수들의 플레이를 기다리면서, 문득 "어라, 몇 회였더라.", "어느 팀이 이기고 있었지?"라는 생각이라도 들면, 취재 메모를 다시 확인하기도 한다. 선수들의 일거수일투족을 꼼짝 않고 지켜보며, "대체 저 선수들은 무슨 생각을 하고 있는 거지?"라는 생각을 하며 플레이를 기다리면 시간이 더디게 가는 것만 같다. 그리고는 그 때까지의 시합의 경과를 깜빡 잊어버리는 것이다.

혹시 야구란 게 '기다리는' 경기일까?

흔히 스포츠의 세계는 끝까지 '최선을 다하는 것'이라고들 한다. 그렇다면 그것을 야구에 적용하면, '최선을 다해서 기다린다'는 것이 되는 것인가. 9회말 아웃 카운트 세 번을 채울 때까지 기다려야 한다는 것이다. 물론 최선을 다해서! 모든 스포츠가 다 그렇지만, 끝나야 비로소 끝나는 것이다.

기다린다는 것과 늘어진다는 것

고시엔 대회 출전권이 걸린 동동경 예선 대회를 앞두고, 가이세이고는 매주 토요일에 연습 경기를 했다. 그 경기 결과를 보면 다음과 같다.

10-8, 10-5, 19-9, 14-3……

모두 가이세이고가 압도적인 연승을 이어간 점수 결과였다. 이것이 동동경 예선 대회의 실전 경기 결과라고 한다면 가이세이고가 고시엔 대회에도 출전할 수 있는 뛰어난 실력을 지닌 팀이라고 생각할 수 있다. 하지만 아오키 감독은 시합을 거듭할수록 애가 타들어간다.

"완전히 진 시합이다!"

"우리는 이런 야구를 하려는 게 아니다!"

감독이 언성을 높인다. 오죽하면 그럴까.

"인생을 그렇게 살아선 안 돼!"라며 선수들의 인생까지 들먹이기도 한다. 가이세이고는 10점 이상을 얻어서 승리한 경기가 있는데, 이 때

10점은 한 점 한 점씩 점수를 착실히 쌓아서 얻은 것으로, '도깨비 타선으로 단숨에 대량득점'을 한 게 아니었다. 그 모든 시합에서 타선이 '폭발'하지 않은 채로 경기에서 승리를 했기 때문에, 감독이 보기에 이 결과는 가이세이고의 야구라고는 말하기 힘들었던 것이다.

"항상 준비가 되어 있는 건 아닙니다."

아오키 감독이 투덜댔다. 가이세이고의 문제는 '준비 부족'일 성싶다.

"워밍업도 있지 않습니까?"

내 질문에 감독이 고개를 끄덕였다.

"워밍업을 해도 경기에 앞서 시합을 준비하는 게 아니라 워밍업을 위한 워밍업이 되고 맙니다. 상대팀이 어떻게 나올까 예측해서 대응하는 준비도 할 수가 없습니다. 애당초 승부에 대한 마음의 준비가 없기 때문이에요. 수비를 해도, 타자가 친 공을 보면서 '어어, 공이 나한테 오는데!'라고 할 지경이 돼서는 안 되는 겁니다."

"그렇지요. 그러면 안 되겠지요."

선수들의 마음을 대변하려고 하자, 감독이 보란 듯이 반론을 폈다.

"좋습니다."

"예? 뭐가요?"

"이런 겁니다. '오면 안 돼!'라는 것은 마음이 이미 정해져 있다는 것입니다. 마음을 정하기에 앞서서 이미 생각이 굳어 있는 겁니다. 실제로 그런 생각을 소리로 입 밖으로 내는 것도 하나의 방법이긴 합니다. 자기부터 먼저 승부를 걸게 되니까요."

고교야구에서는, 수비수는 "자, 자, 여기로, 여기로"라고 소리를 내는 게 보통인데, 수비 실력이 한참이나 뒤떨어진 가이세이고는 "이쪽으로 치면 안 돼!" 또는 "저는 수비 못 해요. 저쪽으로 쳐요!"라고 소리를 질러야 할 것만 같다. 확실히 타자라면 "치지 마!"라는 소리를 듣게 되면, "뭐라고?"라며 순간 당혹감을 느끼고는 타격 타이밍을 놓치게 될지도 모를 일이긴 하지만 말이다.

"선수들이 '공이 오면 안 돼'라고 생각하는 것 자체가 문제입니다. 그러면 안 되는데 말입니다. 그런 불안감을 떨치지 못한 채로 시합을 하는 겁니다. 제 나름대로 주체적인 의도를 가지고서 부딪혀보고 싶습니다."

그런 의미를 담아 아오키 감독은 경기에 앞서서 "발동이 늦게 걸리면 안 된다"고 선수들에게 주문한다. 준비를 철저히 해서 승부를 걸겠다는 것이다. 감독이 그렇게 말하자 선수들도 저마다 "늦지 말자!", "늦으면 안 돼!", "늦는 녀석은 필요 없다!"고 기합을 넣는다. 하지만 자신들의 늦음을 확인하는 것 같은 모습이 오히려 자신들의 불안감을 더욱 부채질해서 발동을 더 늦추는 것이다.

6월에 치러진 사이타마 현립 이와츠키 상업고등학교와의 연습 경기도 그런 경우였다. 이 학교는 야구 전용 경기장을 갖추고 있을 뿐만 아니라, "IWASHO(이와츠키 상고) 스타일, 이기는 야구", "인간의 능력! 이와츠키에서 고시엔으로" 등의 문구가 적힌 현수막까지 신경을 써서 걸어놓았고, 시합 전부터 선수들의 투지도 하늘을 찌르는 듯했다. 한편 가이세이고는 여느 때처럼 느긋하게 캐치볼을 시작했다. 뭐가 좋기라

도 한 건지 웃으면서 얘기를 나누는 선수들도 있다. 미국의 메이저리그에서나 볼 수 있는 여유로운 풍경이다. 이와츠키상고의 매니저가 출전 선수 명단을 챙긴다. 이에 가이세이고는 아직 아무것도 준비하지 않았다는 생각이 그제야 드는지 당황해서 어쩔 줄을 모른다. 시합 전부터 이미 늦는 것이다.

"주변을 보란 말이야! 빨리빨리 준비 못 해!"

아오키 감독의 성난 목소리가 운동장 사방으로 쩌렁쩌렁 울린다. 선수들이 "준비! 준비!", "준비하자!" 등을 외치자 곧이어 경기가 시작된다.

가이세이고는 1회에 다키구치 군의 3루타를 포함해서 먼저 1점을 얻었다. 2회에는 상대팀의 실책과 볼넷과 오지마 케이스케 군(2학년)의 안타, 후루카와 나츠키 군(2학년)의 그라운드 홈런 등을 묶어 모두 4점을 얻었다. 3회에는 야기 쇼타로 군(2학년)의 3루타, 사이토 타카시 군(2학년)의 2루타, 오지마 군의 2루타, 후루카와 군의 연속 안타가 터지며 4점을 추가했다. 그 사이 이와츠키상고는 안타에 이어, 보내기번트, 몸에 맞는볼, 그리고 안타라는 평범한 작전 패턴을 구사해서 1점을 얻었을 뿐이다. 가이세이고가 압도하는 것으로 보였다. 하지만 아오키 감독이 이에 만족하지 않고 고함을 쳤다.

"아직 멀었어!"

애초에 목표로 하는 대로라면, 1회 아니면 아무리 늦어도 2회에 얻은 기회에서 단숨에 10점 이상을 얻어, 상대팀의 전의를 완전히 꺾어 놓아

야만 하는 것이다. 실제로 이와츠키상고가 서서히 전의를 불사르는 것 같았다. 가이세이고는 9점을 얻고 안심했는지 전의가 점차 사그라지는 듯했다. 점수로는 이기고 있었지만 승부욕에서는 지기 시작한 것이다. 그리고 5회. 선두 타자 오지마 군이 좌익수와 중견수 사이를 가르는 안타를 쳤다. 전력을 다해서 홈까지 질주한다. 훌륭한 그라운드홈런이다. 그런데 무슨 일인지 심판이 아웃을 선언한 것이다.

오지마 군이 2루 베이스를 밟지 않고 그냥 내달린 것이다. 아오키 감독이 화를 참지 못했다. 감독이 6회 공격에 앞서 "전체 집합!"이라며 선수들을 벤치 앞으로 불러 모았다. 그리고는 베이스를 밟지 않은 것이야말로 준비 부족 때문에 벌어진 것이라면서 입에 거품이라도 물듯 분노를 토해냈다. 착하디착한 얼굴의 선수들이다. 그런 면면이 아오키 감독의 화를 더 돋우는 듯했다.

"왜 집합했는지 몰라?"

아오키 감독은 주루 코치를 맡은 선수와 타석에 들어서는 타자까지 집합시켰다. 갑자기 경기는 중단되었다. 감독의 입에서 "집합"이라는 말이 떨어지면, 앞뒤 상황은 가리지 않고 말 그대로 집합하는 선수들이다. 이 자체가 경기를 지연시킨다면서 감독이 화를 누르지 못한다. 화가 화를 부르고 있는 현장이다. 아오키 감독은 몸을 부들부들 떨기까지 한다. 화를 삭이지 못하고 있는 감독이다.

2루 베이스 밟는 것을 잊었단 말인가?

감독이 천천히 오지마 군 앞으로 간다. 오지마 군이 고개를 숙였다.

"아마, 2루 베이스를 밟지 않았나 싶은데요."

아무렇지도 않은 듯 씨익 웃음을 보이는 오지마 군이다. 그는 공립 중학교를 졸업하고 가이세이고로 진학했다. 174센티미터의 키에 몸무게는 57킬로그램의 호리호리한 체구이고, 아주 조용한 학생이다.

"아마라니요?"

"판정은 어디까지나 심판이 내리는 것이니까요. 사실 2루 베이스 근처에는 흙과 모래가 꽤 두둑이 쌓여 있었어요. 심판은 그 모래 때문에 베이스를 '밟지 않았다'고 판단한 겁니다. 심판이 보기에 선수가 베이스를 '밟았다'라고 생각하게 해야 하는데 말이죠. 그것은 분명히 반성해야 합니다."

저들의 머리가 너무나 좋은지, 나는 오지마 군이 무슨 말을 하는지 이해가 되지 않았다. 그는 승부보다는 야구의 규칙과 관련해서 심판의 존재 이유를 논리적으로 따지고 있는 것이 아닌가.

"근데, 모래는 왜요……?"

"2루 베이스를 돌 때에, 타구의 흐름을 보려고 몸을 돌렸습니다. 사실은 1루를 지나 1/3 정도 되는 지점을 달릴 때쯤에 타구를 확인했어야 했습니다."

오지마 군은 당시의 상황을 상세하게 분석했다.

"그럼, 늦었다는 건가요?"

"예. 저는 수비할 때도 늦습니다. 제게 공이 오면 예측해야 하는데 예측이 부족한 건지, 아니면 예측은 하지만 몸을 움직이는 템포가 느린 건지. 사실은 공이 배트에 맞는 순간이 아니라 투수가 공을 던질 때부터 예측해야 하는데 말이죠. 저는 그것도 늦더라고요."

어디서부터 늦어졌는지, 그 기원을 찾아 시간을 거슬러 올라가는 것 같다. 내가 거두절미하고 물었다.

"야구는 언제 처음 시작했어요?"

"초등학교 2학년 때입니다. 형이 동네 야구 팀에 가입했는데 저도 따라 들어갔거든요."

"야구가 좋아서요?"

"아니요. 그렇게 좋아하진 않았는데, 형이 하던 식대로 따라하다 보니까 그렇게 된 겁니다."

"그렇게까지"는 어디까지를 뜻하는 걸까. 내가 말한 "좋아서"라는 정도까지는 아닐지 모르지만, 나는 그가 어느 정도로 "좋아하는지"를 묻지 않았다.

"해보니까 재미있던가요?"

"그게 뭐랄까. 매주 토요일 훈련을 하니까요, 그게 습관이 돼서요."

내가 "좋아서", "재미있어서"라는 표현을 미리 해버려서 그가 그대로 받아들인 건 아닐까.

"그래도 그 때문에 지금도 계속하고 있는 거잖아요."

"초등학교 6학년 때 형이 유소년 야구를 그만두고 아버지의 영향으로 탁구를 시작했어요. 그래서 저도 탁구를 시작하게 됐는데, 중학생이 되고서는 탁구와 야구 둘 중에서 뭐를 선택할지 고민이 많았습니다. 그

래서 아버지에게도 도움을 구했어요. 아버지께선 제가 탁구를 하길 바라셨던 것 같아요. 근데 제가 아버지를 겨우겨우 설득해서 야구부에 들어오게 된 겁니다."

오지마 군은 아버지와 형과 운동에 대한 의견이 달랐지만 결국에는 야구를 선택한 것이다.

"야구를 선택한 무슨 이유라도 있나요?"

"역시 초등학교 2학년 때부터 한 것이 습관이 돼서요. 열의를 가지고 진심으로 한다면 조금이라도 빨리 시작하는 게 더 낫다고 생각했기 때문입니다."

늦게 시작하지 않으려고 오지마 군은 야구를 선택했다. 그런데 일찌감치 시작한 게 안심이 되어서 그는 그렇게 시합에서의 행동까지 늦어버린 걸까. 어쨌든 가이세이고의 선수들은 말로 표현하기 어려운 묘한 여유를 가지고 있다. 그들은 허둥댄다. 하지만 그 모습에서 절박감이 느껴지지는 않는다. 그들은 언제까지나 기다리고 있는 것처럼 보인다.

문과는 수비, 이과는 공격

"사실 학교 자체가 지나칠 정도로 느긋한 분위기입니다."

보건체육 담당 교사이기도 한 아오키 감독이 속내를 털어놓았다. 야구부원들의 특징은 가이세이고의 특징인 듯 보인다. 입시 명문고인 가이세이고가 수준별 학급 편성 말고는 딱히 대학 진학 준비 체제를 갖추고 운영하는 것도 아니다. 수업도 "학생들의 주체성을 존중하면서……
(중략)……기초학력의 양성"(가이세이고의 홈페이지에 있는 학교 소개 글
중에서)에 중점을 두고 있다. 각 교과목 담당 교사들은 대학 입시에 구
애받지 않고, 저마다 자신이 개발한 교재를 가지고서 충분한 시간을 할
애해서 학생들의 각 교과목의 기초 능력 향상에 노력을 기울인다.

한 2학년 학생은 이렇게 말했다. "선생님도 수업시간에 늦는 것 같아
요. 학생들도 공부 관련 얘기는 거의 하지 않고요. 평상시에는 모두가
느긋해요. 근데 시험(학기에 몇 차례에 진행되는 교내 시험) 기간이 되면
모두가 무서울 정도로 집중을 합니다." 공부만 열심히 하는 것은 아니
다. 하지만 그래도 할 때는 하는 것이다.

학생들에게 성적을 물어도 대수롭지 않다는 듯 편하게 말한다.

"저는 중하위권입니다."

"저는 130등 정도(한 학년에 400명)예요."

"입학할 때는 전교 13등이었어요. 그 전 시험에서는 50등이었고요."

"전 성적이 너무나 안 좋아서요."

거리낌 없이 말하는 학생들이다. 덧붙여 대부분의 가이세이고 학생
들은 2학년 가을이면 야구부 생활을 그만둔다(연식야구부는 제외). 그런
데 그것도 대학 입시 때문이 아니라 그 다음해 5월에 열리는 운동회 준
비 때문이다. 중학교와 고등학교를 합해 8개 팀이 시합을 벌이고 3학년
생들이 모든 경기의 운영을 맡아야 하기 때문이다.

아오키 감독의 말이다.

"학교로서는 너그러워서 좋다고 생각하고 있습니다. 그런데 그것을 승부를 겨루는 데에까지 끌어들이면 곤란해지죠."

그러고 보니 외야수인 야기 쇼타로 군도 꽤나 느긋해 보였다. 왜 외야수를 택했냐고 묻자 이렇게 답했다.

"외야는 시원하거든요."

"뭐가 어떻다고요?"

"내야 수비수는 긴장해야만 합니다. 근데 외야에서는 경기 전체를 객관적으로 볼 수가 있습니다. 여유롭다는 기분도 들고요. 그런 것이 시원한 느낌을 주지요."

듣자니, 야기 군은 초등학교 때에는 고향 축구팀에 들었다고 했다. 그런데 실력이 강한 팀을 만나니, "발도 빠르고 점프력도 있어 확실한 실력 차이를 느꼈다"면서 가이세이고에 입학해서는 야구부에 들었다는 것이다.

"야구는 그렇게까지 수준 차이를 느끼지 못하겠더라고요. 아무리 실력이 뛰어난 투수가 와도, 어쩌면 칠 수 있을지도 모른다고 생각해요. 애초에 야구란 게 잘 쳐도 타율은 3할대잖아요. 아무리 센 팀이라고 해도 4할대고요. 그렇게 높은 건 아니잖아요. 고시엔이라고 해도 절대로 출전이 불가능하다고는 생각하지 않습니다."

"하지만 강팀과는 다르게 운동장에서 그것도 주 1회밖에 훈련을 하지 못하잖아요."

나의 지적에 그가 이렇게 반론을 폈다.

"그게요. 뭐랄까. 저는 훈련을 많이 한다고 해서 좋은 건 아니라고 생각합니다. 훈련을 당연한 것으로 여기게 되면, '내일이면 좋아질 거야'라고 생각을 해서 집중력도 떨어지게 되고, 게다가 하려는 의지도 함께 약해질 것 같은 생각을 하게 됩니다. 연습 경기도 지나치게 많이 하면 승리에 대한 집념도 점점 약해지는 거죠. 그래서 훈련은 지금 정도가 딱 좋다고 생각합니다."

이상하게도 2루수 사에키 켄타로 군(2학년)도 같은 생각이었다. 그는 컨디션이 좋은 것 같아서, 몸 상태가 좋을 때에 어쭙잖게 연습을 하면 컨디션이 흐트러진다고 했다. 상태가 나쁠 때에는 연습량을 늘리는 게 좋을지 모르지만, 컨디션이 매우 좋기 때문에 그럴 필요까지는 없다고 했다.

"그런가요?"

내가 야기 군에게 새삼스레 확인하려고 하자, 그가 고개를 갸웃거렸다.

"잘 모르겠습니다. 하지만 컨디션이 나쁠 때 타격 훈련 시간을 늘리거나 하면 오히려 이상한 버릇이 생기지나 않을까 하는 생각이 듭니다. 그래서 역시 집중해서 하는 것이 중요하다고 생각합니다."

"공부도 그렇게 해요?"

야기 군은 반에서도 공부를 잘하는 축에 속하는 모양이다. 장래 희망은 의사로서, 내과와 외과 중에서 하나를 고르고 있다고 했다.

"공부도 마찬가지입니다. 저는 매일 아침 꾸준하게 단어를 암기하는

게 힘들어서 한 번에 확 외우는 게 더 쉽니다. 단기기억이라는 거 아시죠? 저는 보통 집중력을 유지하는 게 어려워서, 오랜 시간 동안 공부하려면 장소를 구분하지 않고 아무 곳에서나 단어를 외웁니다. 한번 발동이 걸리면 2,3분이 그냥 확 지나가더라고요."

"시합할 때는요?"

"벤치에서 '쉬는 시간'이 있잖아요. 그런 때는 주변 상황을 고려해야 하는데, 저는 그 때 왠지 모르게 단어가 잘 외워지더라고요. 잠깐 동안의 '사이'라는 말씀 아시죠? 저는 그 자투리 시간에 뭔가를 하는 것을 좋아해요."

야기 군의 마음을 알 것 같았다. 매 이닝마다 한 번씩의 공격과 수비가 있고, 모두 아홉 번을 주고받는 야구 시합의 경기 시간은 길다. 그 '사이'가 경기의 흐름을 끊는 나쁜 영향을 미칠 수도 있다. 집중력은커녕 여차하면 우리들은 잠을 자면서도 꿈에 시달리곤 한다. 생각이 여기에까지 미치자, '도깨비 타선으로 일거에 대량득점'으로 일찌감치 콜드게임 승을 목표로 하는 가이세이고의 이론은 그 '사이'를 없애는 합리적인 전술일지도 모른다는 생각이 들었다. 그들은 그 '사이'에도 끊임없이 뭔가를 하고 있는 것이다. 그냥 멍하니 지나치는 게 아니라 늘 '왜 그럴까?'에 관해 짧은 시간 동안만이라도 생각을 멈추지 않는 것이다. 그렇지 않으면 영어 단어라도 외우는 것이다. 엄밀히 말해 그들은 늦는 것이 아니라 기다리고 있는 것이다. 두뇌를 가만두지 않고 생각을 집중하면서 말이다.

야구란 기다리는 스포츠다.
야구는 아홉 번의 공수 교대 사이(間)를,
자신의 타격 순서가 오기까지를,
투수가 공을 던지기까지의 인터벌(interval)을,
심지어 수비수가 자신에게 공이 오기까지를
집중력을 잃지 않고
인내하며 기다려야 한다.
흔히 스포츠의 세계는 끝까지
'최선을 다하는 것'이라고 한다.
그것을 야구에 적용하면,
'최선을 다해서 기다린다'는 것이 된다.
기다릴 줄 아는 자에게 기회가
오기 때문이다.

늦다는 점에서, 또 한 명 눈에 띄는 선수는 1루수 하야시 료타로 군(2학년)이었다. 수비에 나설 때 "얍!"이라며 기합 한번 넣고는 귀찮고 피곤한 듯한 자세로 달리기를 시작한다. 보기에도 뒤처지고 있다. 본인의 말로는 수비가 전혀 안 된다고 한다. 하야시 군은, 과체중에다 실력이 턱없이 부족하다는 의식도 강하고, 연습도 좋아하지 않아서 적극적으로 하지도 않고, 따라서 실력 향상이 전혀 되지 않는 악순환에 빠져 있는 학생이다.

"야구의 매력은 역시 타격이죠."

하야시 군이 환하게 웃으며 대답했다. 그는 시합이나 훈련에서는 굳은 얼굴을 하고 있지만, 대화를 나누자 그 표정이 금세 밝게 바뀐다.

"타격의 어떤 면이요?"

"손의 감촉입니다. 공이 배트의 중심에 맞을 때의 쾌감은 한마디로 끝내줍니다. 짜릿짜릿하죠. 그것보다 더 짜릿한 느낌을 지금껏 경험한 적이 없습니다."

하야시 군의 눈에서 레이저광선이 나오기 일보직전 같다. 그는 가이세이중학교에 다닐 때에는 연식야구부에 들지 않고 농구부에 들었단다.

"연식야구공은 물렁거리고, 홈런이나 범타도 그 감촉이 크게 다르지 않아서"란다.

"그럼, 잘 못하는 건……."

"아무래도 수비죠. 공이 어디서 올까. 몸은 어떻게 움직일까. 예를 들어,

땅볼을 부드럽게 잡는 것, 그리고 땅에 튕긴 공을 잡는 것, 이게 어려워요. 이런 것은 경험에 기초해서 판단해야 한다고 생각하는데요. 하지만 아무래도 경험이 적기 때문에 판단에 도움이 될 근거가 부족한 거죠."

본인의 단점을 이렇게 논리적으로 분석해서 말할 수 있는 십대가 또 있을까? 뭔가 깊이 생각하지 않고서는 나올 수 없는, 아주 논리적인 답변이다.

다시 야구 얘기로 돌아가서, 사실 가이세이고는 거의 수비 연습을 하지 않는다. 하야시 군의 논리적인 얘기를 좀 더 경청해보자.

"그런 점에서, 배팅은 '뭔가' 있으면 할 수 있습니다. 수비는 경험이 쌓일수록 그 실력이 향상되지만 배팅은 요령이랄까 '뭔가'만 있으면 돼요. 원래 저는 지나치게 세세한 것에는 서툴러요. 공부도 중요하지 않은 단어는 외우다가도 중간에 그만두고 말아요. 그러다 보니 뭐랄까 그게 쌓이고 쌓여 좌절감을 더 느끼게 되더라고요."

그에 따르면, 문과 과목은 암기해야 할 것이 많아 수비와 비슷하다. 반면에 이과 과목은 수학에서의 공식과 같은 요령만 있으면 단번에 실력을 높일 수 있어서 타격과 비슷하단다(참고로 하야시 군은 이과생이다).

가이세이고는 문과적으로 수비하고 이과적으로 공격한다. 실제로 문과 과목 성적이 우수한 유격수 가와하라다 나오키 군(2학년)은 공격보다는 수비가 뛰어나다는 소릴 듣는 선수다.

"수비는 할 것만 제대로 하면 아웃카운트를 잡을 수 있어요. 그런데 타격은 공을 친다고 해도 어떻게 될지를 몰라요. 확률로 말하면 수비는

9할9푼이지만, 공격은 3할대란 거죠. 이 팀이라고 알아주는 건 아니지만, 확실히 저는 수비할 때의 느낌이 좋습니다."

확실성을 추구하는 가와하라다 군은 수비의 사전준비도 잘 할 수 있을 것이다.

"우리 팀은 훈련을 별도로 하지 않기 때문에, 이미지를 떠올리는 게 중요합니다."

"어떤 이미지요?"

"다이빙 캐치, 뭐 그런 것은 아니고요. 수비 위치에 확실히 가서 공을 잡는 것입니다. 보통 사람들이 다이빙 캐치하는 것을, 저는 당연히 아웃 처리될 것처럼 보이도록 낙하지점에 가서 제대로 공을 잡는 겁니다. 그것이면 충분합니다."

"타격 준비는 어떤 이미지를 떠올리지요?"

내 물음에 그의 답은 이랬다.

"타격은 예전부터 잘 못했어요."

"무슨 이유라도?"

"글쎄요. 역시 '치고 싶다'는 생각 때문이랄까요. 치겠다는 욕심 때문에 공이 오면 몸이 열리게 되더라고요. 욕심이 없어도 잠재의식 속에서 그게 자리 잡고 있어서 그런 거 같은데, 잘 모르겠어요."

문과의 고민이라고 해야 하나. 그는 타격에서도 확실성을 추구하면서 가이세이고에서 홀로 번트 연습을 했다.

미혹을 떨쳐 버리다

동동경 예선 대회를 앞두고 마지막 연습 경기의 상대가 된 학교는 역시 입시고등학교인 츠쿠바대학 부속고등학교였다. 예선 대회까지는 겨우 11일밖에 남지 않았다. 날씨는 아침부터 찌는 듯이 더웠다. 우리는 그냥 서 있기만 했는데도 온몸에선 땀이 흘렀다.

츠쿠바대부고는 입시고등학교이기 때문에 야구 실력이 그다지 신통치 않다고 생각했다. 그런데 웬걸. 눈이 부실 정도로 하얀 유니폼을 입은 츠쿠바대부고 선수들은 빠르고도 유연하게 몸을 움직이면서 캐치볼과 수비 훈련을 했다.

"수비, 잘하는데요."

야기 쇼타로 군이 상대팀의 훈련 모습을 보고 감탄한다. 내가 그렇다고 맞장구를 쳤다.

"훈련을 많이 했나 봐요. 공을 쳐주는 선수도 잘하고요."

야기 군이 저들과 대적할 선수가 아니라 뭔가를 구경하는 사람 같은 태도로 말을 한다.

"늦으면 안 돼!"

"늦지 말자고!"

누가 먼저랄 것도 없이 구호를 외치면서 시합이 시작되었다. 츠쿠바대부고의 투수가 큰 덩치에 느긋하면서도 편안한 자세로 공을 던진다. 가이세이고의 선두 타자인 후지타 토모야 군(2학년)이 매섭게 방망이를

휘두른다. 준비 완료 되었다는 신호라도 보내는 듯 1회부터 맹공을 예감하게 하는 스윙이었다. 하지만 안타깝게도 뜬공으로 아웃. 이어서 2번 타자인 나가에 유타카 군(3학년). 그는 그 전날, 학교에서 카운슬링을 받아 자기암시법을 배웠다고 한다. 홈런을 칠 때에는 홈런을 연상시키는 어떤 동작을 미리 정한다고 했다. 그는 웬일인지, '정좌, 그러니까 무릎을 꿇고 단정히 앉아 있으면 홈런'이라고 정한 듯, 아까부터 눈을 감고 정좌를 하고 있었다. 타석에 들어서서는 기합이 잔뜩 든 인왕상의 자세에서 친 공이 커다란 포물선을 그리며 날아간다. 그 자리에서 타구가 날아가는 방향을 바라보는 나가에 군이다. 아직도 이미지에서 깨어나지 못한 듯, "빨리 뛰지 못해!"라는 소리를 듣고서야 놀란 듯 그제야 달리기 시작한다. 그런데 어이없게 2루수 뜬공으로 아웃. 그리고 3번 타자 후루야 토오루 군(3학년)이 좌익수 앞에 안타를 치고 출루한다. 곧이어 도루를 시도하지만 실패. 이렇게 해서 이번 1회의 공격은 무득점으로 끝났다.

가이세이고의 투수는 언더스로우인 사이토 타카시 군(2학년)이다. 그가 내건 모토는 "훈련 때처럼 던진다"이다. "실전에 들어가면 훈련 때와는 다른 기분이 들기 때문에 연습 때와 같은 기분으로 되돌리려고 해요. 근데 그 때문에 제가 발동이 늦게 걸리더라고요." 사이토 군의 말이다. 그렇다면 언제나 시합한다는 생각으로 연습을 하면 되는 거 아니냐고 내가 지적했다. 그런데 좀처럼 그렇게는 안 된단다. 그것보다는 사이토 군은 사전준비를 떠올렸다.

"몸의 움직임에 집중하는 겁니다. 시합을 하게 되면, '초구는 스트라이크'라든가 '안타를 맞지 않겠다'라든가 어떤 생각을 하기 때문에 그런 것은 아니고요. '오른쪽 무릎을 굽힌다, 왼쪽 발을 앞으로 내민다, 몸을 열지 않는다' 같은 것을 생각합니다. 이렇게 하면 연습할 때와 같은 기분이 들고요."

그런데 츠쿠바대부고의 선두 타자가 느닷없이 번트를 댄 것이다. 가이세이고는 번트 대비 연습을 하지 않기 때문에, 갑자기 본선 대회에서 경기를 보는 듯했다. 가이세이고의 수비진이 당황했는지, 번트 하나가 어처구니없게 3루타가 되었다. 이어서 좌중간을 가르는 2루타를 맞고 가이세이고가 먼저 1점을 내주었다.

"괜찮아! 괜찮아!"

누군가 소리를 질렀다. 이어서 아오키 감독의 성난 목소리가 들렸다.

"뭐가 괜찮아?"

감독은 사이토 군이 아니라, 타구를 놓친 좌익수의 수비를 나무랐고, 게다가 이 경기의 심판을 보고 있는 선수에게도 "늦어! 늦어! 심판이 그렇게 느리면 되겠어?"라고 소릴 질렀다. 결국 1회에 츠쿠바대부고는 볼넷, 도루, 번트, 보내기번트에 1루수 실책을 더하고, 다시 한 번 번트와 도루라는 확실한 공격으로, 모두 3점을 얻었다.

"이게 바로 느려 터진 것이다!"

아오키 감독이 화를 내며 운동장에서 고개를 갸웃거리는 선수들을 향해 소릴 질렀다.

"얼굴 표정으로 감정을 나타내지 마라!"

"한판 붙어 보란 말이다!"

"이런 상황에서 긴장하면 앞으로 사회생활이나 제대로 하겠냐고?"

가이세이고 선수들의 움직임에 큰 변화가 없자 감독이 여느 때처럼 화를 누르지 못하고, "어라!", "봐라!"며 효과음 비슷하게 소릴 질렀다. 그러나 나는 이 날만큼은 지금까지 보지 못했던 하나의 빛을 보았다.

아오키 감독이 벤치에서 소리를 질렀다.

"빨리 일어나지 못해!"

3루수 후지타 군이 대답했다.

"예! 일어나고 있습니다!"

3루수 앞으로 땅볼이 올 때 후지타 군이 뒤로 물러나서 공을 잡는데, 아오키 감독이 "망설이지 마라!"라고 외치자, 후지타 군이 운동장에서 "망설이지 않는다!"라며 대답을 한다. 수비를 마치고 돌아오자 감독은 후지타 군에게 다가가더니 고함을 치며 화를 낸다.

"그게 3루수야?"

후지타 군이 좀 전에 자신이 했던 플레이를 설명했다. 나름대로 상황을 설명하는 것이다. "변명하는 거냐?" 아오키 감독이 후지타 군에게 물었다.

"변명입니다!" 후지타 군이 반항하듯 큰소리로 대답했다.

후지타 군이 드디어 폭발했다. 타선보다 먼저 본인이 폭발한 것이다. 아오키 감독이 선수들에게 떠나갈 것 같은 소리를 지른다.

"잘 보라고! 못 칠 것 같아?"

"1점이 점수냐? 천만에!"

겁 모르는 미소를 띠면서 타석에 들어선 후지타 군이 5회와 7회에 보기에도 시원한 안타를 쳤다.

"중요한 것은 잘하지 못해도 당당해져야 한다고 생각합니다."

후지타 군이 진지한 얼굴로 말했다.

"평소에 당당하지 못하다는 얘긴가요?"

"우리는 워낙 실력이 부족하기 때문에 실책도 줄지 않는데, 실책이 나올 때마다 지나치게 주눅이 듭니다. 주눅이 든다고 달라지는 건 없는데 말이지요. 이미 벌어진 실책에 너무 마음을 쓰면 자신감도 사라지고 결국 또 다시 실책을 하게 됩니다. 그래서 실책을 해도 당당해질 필요가 있습니다. 실책 때문에 그 시합에서 질 순 있어도 그렇다고 모든 게 다 끝나는 건 아니잖아요."

빠르게 말을 하는 후지타 군이다. 아오키 감독의 말도 '신경 쓰지 않기'로 한 것 같다.

"거기에 신경이 쓰여 끌려가다시피 하면 다른 경우에 실패하잖아요."

이것이 가이세이고가 지닌 문제점이었다. 대부분의 선수들은 아오키 감독의 지시를 그대로 실행에 옮기려고 한다. 감독이 "하체에 좀 더 중심을 두고 치라"고 하면 하체에만 신경을 쓰지 상체를 소홀히 한다. 반대로, "상체에 좀 더 중심을 두고 치라"고 하면, 이번에는 하체를 소홀히 하는 것이다. 감독은 상황에 맞춰 힌트를 주고 있는데, 선수들은 그

것을 정확하다고 믿으면서 말 그대로 실행에 옮기려고 하니까. 매번 발동이 늦게 걸리는 것이다.

"공부와는 다르기 때문에, 야구 시합은 진지할 필요는 없다고 생각합니다. 공부는 열심히 하는 만큼 성적이 오릅니다. 그런데 야구 시합은 진지하게 최선을 다하면 그만큼 긴장하기 때문에 오히려 진지하지 않은 게 좋은 거 아닌가요?"

이렇게 말하면서 그는 다음과 같이 덧붙였다.

"저는 수비가 정말로 싫습니다."

"후지타 군은 3루수 아닌가요?"

3루수는 수비의 꽃이다.

후지타 군이 시원시원하게 대답한다.

"사실 3루수가 내야수 중에서 제일 편하거든요."

"어떻다고요?"

"2루수나 유격수는 1루나 2루의 베이스커버도 하고 외야에서 오는 공도 받아서 중계플레이를 해야 합니다. 그리고 좌우로 움직임이 많은 포지션이고요. 1루수도 매회 마다 공을 받아야만 합니다. 그런데 3루수는 기본적으로 3루 베이스만 담당하면 되거든요."

"그래도 타구가 오지 않나요?"

"타자에 가까이 있기 때문에 강하고 빠른 공이 날아올 수 있습니다. 그런데 위축되지 않고 그것을 몸으로 막으면 어떻게든 됩니다. 몸 양옆으로 빠지는 타구라면 그것은 이미 안타고요."

후지타 군은 가나가와 현의 명문 중학교인 세이코학원중학교 출신이다. 중학교 때에 연식야구부에서 3루수를 맡았단다. 그런데 그는 세이코학교의 야구 스타일이 본인에게 맞지 않았다고 한다.

"땅볼을 치고서 상대팀의 실책을 기다리는 야구였습니다. 배트로 친 공이 공중으로 뜨지 않으면 결국은 수비 중심의 야구가 됩니다. 한 번의 실책이 승패를 가르는 것 같더라고요. 저는 공격 야구를 하고 싶었습니다."

"그래서 세이코학원을 그만둔 건가요?"

"예. 가이세이의 야구부는 공격 야구를 한다고 들었거든요. 그래서 실행에 옮긴 거예요. 가이세이라면 타격에서 실력을 발휘하면 시합에 주전으로 기용되지 않을까 생각했습니다. 그리고 저는 아슬아슬한 접전이 싫어요."

거칠게 표현하면, '제/저'는 '내/나'가 된다. 그는 본인이 받아들일 수 있는 야구를 위해서 세이코학원고등학교로 진학하지 않고, 일부러 고교 입시를 거쳐 가이세이고로 진학한 것이다. 가이세이고는 입시 명문고일 뿐 아니라 아는 사람은 다 아는 공격 야구로 유명한 고등학교이기 때문이다. 게다가 목표가 고시엔 출전이 아니던가.

결국 그 날의 연습 경기는 6-7로 가이세이고가 졌다. 주포인 나가에 군이 홈런을 치기도 했지만 '일거에 대량득점'은 하지 못했던 것이다. 시합이 끝나고 아오키 감독이 선수들을 집합시키고 말했다.

"수비 말고, 공격에 집중해라."

그리고는 연습 경기를 요약하면서 이렇게 말했다.

"좋은가? 잔머리 굴리는 쫀쫀한 야구 따위 하지 마라. 그런 야구가 경기에서 이길 때도 있다. 하지만 그런 야구가 이긴다면 일본 야구의 수준은 떨어지고 말 것이다. 야구는 실력이나 기술이 뛰어난 쪽이 이긴다. 가이세이의 야구는 실력이 부족한 녀석들이 한데 모여서 힘을 모아 상대방을 이기는 거란 말이다."

일본의 장래를 짊어진 가이세이고. 꽤나 거창하고 과장된 얘기로 들리겠지만, 과감하게 치고 나오면 뒤처지지 않는다는 감독의 메시지다. 동동경 예선 대회를 알리는 대회 안내 책자에는 팀을 대표해서 후지타 군이 쓴 '대회에 임하는 포부'가 다음과 같이 적혀 있다.

"우리 팀은 '기세 있는 공격'과 '무너지지 않는 견고한 수비'를 기치로 내걸고, 필승을 목표로 하루도 빠지지 않고 훈련에 임하고 있습니다. 훈련 환경이 아무리 열악해도 승리할 수 있다는 것을 보이도록 하겠습니다."(동동경고등학교야구연맹, 『제93회 전국고등학교야구선수권대회 영예를 목표로-동·서동경 대회 출전고 선수명단』)

전후 사정을 알지 못하는 사람들은 이해하기 어려울 수도 있다. 하지만 나는 이것을 분명한 승리의 선언이라고 생각했다. 가이세이고의 공격은 아직 끝나지 않았다. 9회말 세 번의 아웃 카운트가 세어질 때까지, 가이세이고의 아이들은 여전히 그들의 타력이 폭발하는 그 순간을 기다리고 있는 것이다. 그들의 잠재력이 폭발하기 전까지는, 끝나야 비로소 끝나는 것이다!

4

고시엔, 그 설렘

"고시엔 출전을 목표로 한다!"

새삼스레 나는 가이세이고 선수들에게서 그 결의를 확인하고 싶었다.

대회가 임박해서도 그들은 여전히 느긋했고 목표 의식도 없어 보였다. 고된 훈련을 견디고 있다는 기색도 느껴지지 않았다. 생각해보니 애초에 그들의 입에서 '고시엔'이라는 말을 그다지 자주 들은 것도 아니었다. "무조건 승리!", "우리들의 야구를 보여주자!"는 기합을 외치는 아오키 감독도 어쩐 일인지 '고시엔'만큼은 입에 담지 않는다. 내가 감독이나 선수들 앞에서 "고시엔 출전까지 지켜보겠습니다"라고 말을 해도, 주장인 다키구치 코스케 군이 쑥스러운 듯 씩 웃을 뿐, 감독이나 선수들 모두 그저 두 눈을 껌벅이다시피 하고만 있을 뿐이었다. 야구부 학부모 모임에서도 나는 이와 비슷한 인사말을 건넸다. 그런데 그때는 선수들의 학부모들이 모두 한바탕 웃음을 터뜨렸다. 나는 연습시합을 취재하기 위해 온 한 스포츠신문의 기자에게 "가이세이고는 고시엔에 갑니다"라고 말했다. 그러자 그 기자는 "아, 네. 그렇습니까?"라면서 쓴

웃음까지 지어 보인 적도 있었다. 어쩌면 고시엔을 목표로 하는 사람이
나 혼자만은 아닐까, 라는 불안감이 엄습해왔다.

약자의 병법

(포수 뒤에 서서) 위에서 내려다보는 시선이 좋다.

"고시엔에 가고 싶습니까?"

나의 질문에 포수를 맡고 있는 후루야 토오루 군(3학년)이 지체 없이
답했다.

"그렇습니다."

후루야 군은 가이세이고의 내야 수비가 많이 부족한 것 같다면서, 어
깨가 강하고 목소리가 크기 때문에 자신이 포수를 맡고 있다고 했다.
연습 경기인데도 후루야 군은 소리를 질러대면서 팀 전체에 기운을 불
어 넣는다. 나는 과연 기백이 넘친다고 생각했다. 후루야 군이 말을 이
었다.

"갈 수만 있다면요."

"무슨 뜻이에요?"

"갈 수만 있다면 가고 싶습니다."

갈 수 있는데 안 갈 사람이 있나. 그러니까 이것을 결의라고까지 할
수는 없다. 내가 듣고 싶었던 말은 이런 것이다. "가지 못하더라도 가겠
다"와 같은 뜨거운 의지 말이다.

그는 야구가 좋단다. 좋아하지 않으면 시험 보기 전날까지 야구 훈련을 하겠냐며 반문까지 한다. 야구의 어떤 점이 재미있냐고 물으니, "보통 좋아했는데, 야구를 하면서 점점 더 좋아하게 되었다"고 한다. "특히 타격이 보통 재미있다"고 한다. 확실히 후루야 군은 '보통'이라는 단어를 입에 달고 사는 것 같다. 아마 '고시엔에 가고 싶다' 보다는 '갈 수만 있다면 가고 싶다'는 것이 그가 보통 생각하는 것인지 모르겠다.

후루야 군에 따르면, 대회를 앞에 두고 모든 선수들이 머리를 맞대고 의논해서 얻은 결정은 빨리 뛰는, 주루 플레이 연습이었다. 즉, "발이 빠른 기동력이 야구에서 가장 중요하다"는 결론에 도달했다는 것이다. 그런데 왜 지금에 와서야 그런 생각을 하게 된 건지 나는 놀랍기도 했거니와 한편으로는 그 배경이 궁금했다.

"지금 같은 연습 경기로는 곤란합니다. 하지만 훈련할 때의 힘만이라도 제대로 내면 어느 정도는 겨뤄볼 만하다고 생각합니다."

이렇게 대답한 선수는 좌익수를 맡고 있는 시라이 신이치로 군(3학년)이었다. 어떤 일이든지 매사에 진지한 그는 '연습 시합'과 '연습'을 확실히 구분했다. 그런데 '곤란하다'는 것과 '어느 정도는 겨뤄볼 만하다'는 그의 상황 판단에서는 그다지 큰 차이가 나타나지 않았다. 요컨대 둘 다 '고시엔 출전은 어렵다'는 비관적인 견해인 것이다.

그러고 보니 외야수인 야기 쇼타로 군(2학년)도 "고시엔에 절대 갈 수 없는 것은 아니라고 생각합니다"라고 힘주어 말했다. 말투에선 전과 다르게 굳은 결의가 느껴진다. 그런데 가이세이고 선수들은 고시엔에 절대로 갈 수 없는 것은 아니라고 정한 뒤에, 의지보다는 객관적으로 그 상황을 분석하는 것이다. 그리고 그 분석하는 의지 같은 것을 밖으로 드러내는 것이다.

주장인 다키구치 군도 고시엔 출전은 둘째로 치고, 장래의 꿈은 고교 야구 심판이란다. 그는 야구에 한해서 '심판'이라는 존재에 흥미를 가지고 있는 것 같은데, 스모 경기를 보더라도 경기보다는 심판에게 더 눈길이 간다고 했다.

"뭐랄까. 경기를 위에서 한눈에 내려다보고 싶습니다. 전체적으로 경기를 파악하는 것을 좋아합니다."

"위에서 내려다본다"고? 어쩌면 가이세이고 선수들은 경기에 주체적으로 임한다는 당사자 의식이 부족한지도 모른다. 고시엔에 가는 것은 바로 그들이어야 한다. 다른 사람들이 그들을 대신해서 고시엔에 가는 것이 아니란 말이다. 가이세이고가 고시엔에 간다고 지금까지 여기저기에 말을 퍼뜨린 체면 때문에, 가이세이고가 고시엔에 가지 않으면 나도 곤란하다고 그들에게 말하고 싶었다. 그런데 나의 그런 기대에 부응할 선수가 있었으니, 바로 가이세이고의 장타자인 나가에 유타카 군(3학년)이었다.

"고시엔은 눈여겨보고 있습니다. 기회거든요."

나가에 군의 장래 희망이 프로야구선수이기 때문이다. 그런 꿈을 가진 학생으로서 고시엔은 당연히 주목해야 하는 대회인 것이다. 덧붙이면, 나가에 군은 언젠가는 미국의 프로야구인 메이저리그 선수가 되어

서, 홈런 세계 신기록을 세우는 것이다. 따라서 나가에 군은 그 첫걸음을 고시엔에서 내딛으려고 하는 것이다.

"고시엔에 가야만 하겠는데요."

내가 고개를 끄덕이자, 그가 말을 이었다.

"저는 모든 공식 경기에 최선을 다합니다."

"물론 그렇겠지요."

"그래서 고시엔에 나가지 못하더라도 첫 경기를 데이코고와 맞붙고 싶은 겁니다."

"나가지 못하다니요."

"데이코고와 시합을 하면 경기장에 프로팀 스카우터들이 오잖아요. 거기서 홈런 두 개를 치면 그들의 주목을 받을 거 아닙니까."

나가에 군의 경우에는 주체의식이 강해서 고시엔을 이미 훌쩍 뛰어넘고 있는 것이다.

"왜 그렇게 프로야구를 고집하는 거죠?"

내 물음에 그가 답했다.

"부모님이 모두 중국인이시거든요."

듣자니, 나가에 군의 부모는 중국에서 일본어 교사를 했단다. 부부는 나이가 서른 살을 넘자, 일본에 들어와서 아르바이트를 하면서 일본어를 공부했다. 그리고 현재는 대학에서 비상근 강사를 하면서 중국어를 가르치고, 시내에서 중국어 교실을 운영하고 있다는 것이다.

"부모님께선 고생을 많이 하시면서 저를 키우셨어요. 그에 비하면 제

꿈은 소박합니다. 공부를 그만두고 프로야구 선수가 되겠다는 말씀을 부모님께 드렸는데요. 그때 부모님께선 제게 네 머리가 어떻게 된 거 아니냐며, 노발대발하시며 반대하셨어요. 하지만 지금은 저를 응원해 주세요."

"음, 진짜로 노력 많이 해야겠네요."

결의보다는 그 나름의 각오를 듣는 것으로, 나는 그의 생각을 이해했다.

"그래서 제게는 고시엔에 가네 못 가네가 문제가 아닙니다. 근데요. 요즘 들어서 힘을 잘 못 쓰겠더라고요. 그 이유를 잘 모르겠습니다."

나가에 군이 진지한 시선으로 나를 바라본다. "고시엔 출전을 목표로 한다"에서의 그 고시엔이 점점 작아지고 멀어져가는 듯한 느낌이 든다.

예전부터 아오키 감독은 "이미지가 중요하다"고 말했다. 주 1회 훈련으로는 플레이를 몸으로 익히기가 힘들기 때문에 자신이 할 플레이의 이미지를 머릿속으로 준비하라는 것이다. 타격에 대해서는, 예를 들면, 나카지마 시케오(長嶋茂雄, 일본 프로야구의 대명사로, 요미우리 자이언츠 출신이며, 요미우리 자이언츠의 종신 명예감독이기도 하다. 별명은 '미스터 자이언츠'-옮긴이)가 말한, "쓩 하고 오는 공을 빡 하고 친다"는 것과 같다. 즉, 말로 표현된 이미지에 따라 몸도 움직이게 만드는 것이다. 이것이 나가에 군의 지론이었다. 그렇다면 "고시엔 출전을 목표로 한다"는 것도 언어화해야 하는 이미지일 텐데. 목표도 정하고, 그들의 정신을 고무시키기 위한 중요한 키워드가 바로 '고시엔'이기 때문이다.

"솔직히 말하면 막상 고시엔에 출전하게 된다고 해도 실감이 나지 않

을 것 같습니다."

아오키 감독까지 그렇게 말하니 뭐라 할 말이 없다. 사실 아오키 감독도 전에는 고시엔이네 우승이네 하는 목표를 부르짖었던 듯하지만, 본인도 그 이미지가 떠오르지 않으니 더 이상은 그런 말을 하지 않는 것이다.

"그렇군요."

"안정적인 힘을 유지한 강팀이 예상치 못한 패배를 당하지 않기 위해서 마음을 다잡는다면 '고시엔 출전을 목표로 한다'는 것도 의미가 있다고 생각합니다. 근데 우리 팀의 경우에는 1차전에서 패하더라도 그게 이상한 게 아니거든요. 그런 팀이 느닷없이 다짜고짜 '고시엔'을 부르짖으며 허세를 부린다고 해도 구체적인 이미지는 떠오르지 않습니다."

"하지만 어떤 목적이나 목표 같은 게 없다면, 그게……."

아오키 감독이 내 말을 잘랐다.

"그런 거라면 우리 팀에는 '강팀을 격파한다'는 목표가 있습니다. 강팀을 꺾으면 그 결과로 고시엔에 갈 수가 있기 때문입니다."

2005년 동동경 예선 대회에서 가이세이고는 16강에 진출하는 성과를 거두었다. 하지만 안타깝게도 고쿠시칸고에 져서 8강에 진출하진 못했다. 그런데 고쿠시칸고가 그 예선 대회에서 우승했기 때문에, 그때 만약 가이세이고가 고쿠시칸고에 이겼다면 이들이 고시엔에 출전했을지도 모른다. 다시 말해서 '강팀을 격파'하면 고시엔에 갈 수 있는 것이다. 어디까지나 결과로서의 고시엔인 것이다.

그저 '고시엔 출전을 목표로 한다'고 하면,
뭔가 먼 곳을 보는 것 같고
몸도 그냥 서 있는 것처럼 된다.
그런데 '강팀을 격파한다'고 목표를 세우면
몸이 어느새 상대방과 겨루는 자세로
바뀌게 된다. 바로 이미지가 몸의 움직임을
이끌어 스윙도 힘껏 할 수 있게 되는 것이다.
무슨 일이건 목표를 세울 때는
공격적일수록 이를 대하는 자세도 달라진다.
좀 더 적극적이고
도전적으로 변하는 것이다.

그저 '고시엔 출전을 목표로 한다'고 하면, 뭔가 먼 곳을 보는 것 같고 몸도 그냥 서 있는 것처럼 된다. 그런데 '강팀을 격파한다'고 하면 몸이 어느새 상대방과 겨루는 자세로 바뀌게 된다. 바로 이미지가 몸의 움직임을 이끌어 스윙도 힘껏 할 수 있게 되는 것이다. 생각해보면, 가이세 이고의 이론은 강팀을 상대로 하는 '약자의 병법'이다. 그것을 몸에 익히면, 결과는 저절로 따라오게 되는 것이다. 결과를 목표로 삼는다고 해서 결과가 나타나는 게 아닌 것이다. 더욱이 '고시엔 출전을 목표로 한다', '고시엔에 간다'라는 것은 시합을 구경하는 것만 같고 무의식적으로도 긴장이 풀어지는 것 같기도 해서, 이미지로서는 역효과를 불러올지도 모를 일이기도 하고 말이다.

위대한 낭비

2011년 6월 18일. 제93회 전국고등학교야구선수권대회 동·서동경 예선의 조 추첨식이 아오야마학원의 강당에서 열렸다. 제비뽑기로 대진표를 짜는 행사였다.

2011년 3월에 발생한 동일본 대지진의 영향으로 200개 이상의 고등학교가 이번 대회에 참가하지 못하기 때문에, 그해에서는 강팀에게 시드를 배정하는, 이른바 시드제를 실시하지 않았다. 강팀이나 그렇지 않은 팀이나 동등하게 조 배정을 받고 경기를 치러야 하는 것이다. 즉, 공평한 제비뽑기로 만들어진 대진표대로 경기가 진행되는 것이다. 그해 동동경대회에 참가한 학교는 모두 150개교였다. 가이세이고를 대표해서는 주장인 다키구치 군이 추첨식에 참가했는데, 특별히 뭐를 바라거나 하지는 않았다. 왜냐하면 "8강이나 16강을 노린다면 조 추첨이 중요하겠지만 우리 팀은 우승을 노리기 때문"(아오키 감독)이란다. 보통은 강팀과 맞붙지 않기를 바란다. 하지만 가이세이고의 경우는 다르다. '강팀을 격파한다'는 게 팀의 목표인 그들은 1차전에서 강팀이 아닌 팀을 만나게 되면, 거기서 져서 강팀과는 아예 대결해보지 못하기 때문에, 오히려 1차전에서 강팀과 맞붙기를 바라는 것이다.

추첨의 결과, 가이세이고는 2차전부터 출전하게 되었다. 가이세이고가 첫 경기에서 대적할 학교는, 도립 아라카와상업고등학교와 도립 에도가와고등학교 시합의 승자였다. 경기안내장(동경도고등학교야구연맹 편, 『제93회 전국고등학교야구선수권대회 영예를 목표로─동·서동경 대회 출전 선수명단』)에 나와 있는 「대회에 임하는 포부」를 보면, 이 두 학교도 가이세이고가 친밀감을 느낄 만한, 강팀과는 거리가 느껴지는 학교다.

"2년 반 동안, 즐거움과 고통을 나누었던 동료들과 조금이라도 오랫동안 야구를 함께 하기 위해서, 그리고 그 전에 고시엔 출전을 목표로 해서 최선의 노력을 다하겠습니다."(아라카와상고)

"예순여덟 명의 선수와 세 명의 매니저의 기운을 한데 모아 한 경기 한 경기 확실하게 시합에 임하겠습니다. 에도가와고의 혼을 보여주고 싶습니다. 많이 응원해주십시오."(에도가와고)

중요한 것은 동료와의 팀워크다. 야구란 신뢰관계를 돈독하게 해주는

스포츠로서, 승리하는 것보다는 동료와 함께 경기에 참여하는 것에 그 의의가 있는 운동이다. 그렇다면 이번 대회를 주최하는 아사히신문사가 펴낸『그 짧은 여름, 단 한 번의 그러나 한평생의 기억』(2011)을 보더라도, 각 학교들은 선수 전체가 함께 하는 야구, 즉 '전원 야구'를 출전의 기치로 내걸었다. 예를 들면, 쇼인고의 경우는 이랬다.

"미소가 사라지지 않는 우리 스물 네 명 선수의 팀워크는 세계 최고. 목표는 고시엔."

웃음도 중요한 포인트이다. "화기애애한 마음은 뜨겁고, 하루하루가 즐거운 전원 야구!"(도쿄 세이토쿠대학고)라고 신나는 기분을 드러내기도 한다. "우리의 모토는 '웃음을 잃지 않는 집단'"(도립 다치카와고)을 내건 학교도 있다.

웃음 말고도, "희노애락을 공유하는 것을 바탕으로 끝까지 포기하지 않고 싸웁니다"(도립 오모리고)라고 모든 감정의 공유를 밝히기도 한다.

야구 외에도 공유할게 있는지, "무슨 일이 있어도 항상 동료를 믿고, 자신을 믿고, 최선을 다해 플레이를 하겠습니다"(이쿠분칸고)라는 학교도 있다. 그렇게까지 믿어도 되나. 나중에라도 혹시, 믿는 도끼에 발등이 찍히지는 않을지, 아니면 분란은 없을지를 생각하면 괜히 마음이 졸여지는 느낌이다.

협력을 한다는 의미로, "함께 결점을 보완해서 확실한 플레이를 하겠습니다"(수가모고)라고 한다면 알겠다. 하지만, "우리들은 개개인의 역량은 강하지 않지만, 선수 전원이 하나가 되어 승리하겠습니다"(다쿠쇼

쿠대학 제1고)라고까지 겸손한 표현을 하는 것은 좀 과하지 않나 싶다.

그리고 왠지 눈에 띄는 구절이 있다. 바로 '사랑'이다. 예를 들면 이렇다.

"누구나 사랑하는 고시엔에 출전하는 것. 감사 · 노력 · 자립"(도립 다카시마고).

"'모두의 사랑을 받는다'를 목표로 해서 꿈이 아니라 목표로서 고시엔을 노린다."(도립 후지모리고)

저 학생들은 '사랑'에 목마른 자들인가.

그 밖에도 "누구에게나 응원을 받는 팀이 되는 것을 기본으로 해서, 초전박살을 목표로 합니다"(게이카고), "응원에 맞는 플레이를 하고 마음가짐에 유념한다"(시부야교육학원 시부야고)는 식으로, 저마다 야구 경기에서의 승리보다는 주변의 것에 대해서 더 신경을 쓰고 있는 것 같다.

그런 점에서 안내장에 실린 가이세이고의 포부는 한마디로 명쾌했다.

"프로야구계가 주목하는 고교 최고 투수와의 대결에서 있는 힘껏 스윙을 해서 상대방의 기세를 꺾고 싶습니다."

즉, 강호 격파다. 가이세이고만이 공격적이며, 조금 과장해서 말한다면 한마디로 시비조다.

"저는 야구에 교육적인 의의는 없다고 생각합니다."

아오키 감독이 딱 잘라 말했다. 야구는 운동경기에 지나지 않다는 것이다.

"아, 네. 그렇죠."

내가 그의 말에 호응하자, 아오키 감독이 말을 이었다.

"야구는 해도 그만 안 해도 그만입니다. 분명히 말하지만 야구는 쓸데없는 겁니다."

"뭐가 어떻다고요?"

"수많은 사람들이 야구를 좋아하고 지지해주기 때문에 그나마 야구가 프로 스포츠로까지 발전한 겁니다. 위대한 낭비인 셈이지요."

"무슨 낭비요?"

"그러니까, 지금의 학교 교육은 쓸데없는 것은 할 수가 없고 쓸모 있는 것만을 시키려고 합니다. 야구도 교육적으로 도움이 되는 어떤 것이라고 여기는 것입니다. 그런데 과연 야구의 무엇이 아이들에게 도움이 될지 안 될지는 우리도 모르지 않나요. 사회인이 되면 쓸데없는 짓 따윈 더 이상 할 수 없습니다. 그래서도 안 되고요. 지금이야말로 쓸데없는 짓을 마음껏 할 수 있는 시기라고 할 수 있습니다."

"하지만 쓸데없다고 딱 잘라 말하면, 대체 뭣 때문에 하는지가 통……."

"쓸데없기 때문에 마음껏 승부에 매달리라는 것입니다. 가위바위보 놀이와 같습니다."

"그게 무슨 뜻이에요?"

"가위바위보 놀이에서는 이겼다고 해서 대단한 것도 아니고, 졌다고 해도 대수롭지 않게 생각합니다. 그렇기 때문에 마음껏 놀이를 즐길 수 있는 겁니다. 어쨌든, 이기자니까! 라고 말이죠. 설령 진다고 해도 괜찮습니다. 왜냐하면 이 놀이가 원래 쓸모없는 것이기 때문입니다. 가위바위보에 교육적인 의의가 있다고 하면 승리에 집착한다는 소릴 듣거나 삼류라는 지적을 받을 겁니다. 그런데 그게 쓸모없다고 단정을 내리게 되면 집착해도 죄책감을 느끼지 않을 거라고 생각합니다."

맞다. 확실히 그렇다. 원래 서로 이기려고 하지 않으면 게임도 성립이 안 되는 것이다. '신뢰'나 '배려' 등은 일상생활에서 배우면 된다. 그것 때문에 누가 일부러 야구를 하는 것도 아니다. 야구는 승부다. 승부를 위한 야구인 것이다.

위대한 낭비에 도전하는 가이세이고 야구부. 모든 게 쓸데없기 때문에 과감하게 배트를 휘두른다. 어차피 쓸데없는 일이기 때문에, 사양하지 않고서 기꺼이 스윙을 하는 것이다.

번트는 대지 않는다

7월 13일.

가이세이고의 대회 첫 번째 경기는 지하철 니시카사이 역에서 걸어서 5분 정도 거리에 있는 에도가와 구립 운동장에서 열렸다. 오후 두 시에 시작할 예정인 세 번째 시합인데, 한 시경에 운동장을 방문하니, 운동장 주변에는 같은 디자인의 티셔츠를 입은 여성들이 서로를 껴안은 채 울고 있었다. 그날 두 번째 시합에서 강팀인 고쿠시칸고가 역시 강팀인 간토제1고에 8-0으로 7회 콜드게임으로 졌던 것이다. 고교야구

에서는 선수의 가족도 팀의 일원이다. 시합에 지기라도 하면 그 슬픔이 운동장 전체를 덮고도 남는다.

가이세이고가 상대할 팀은 1회전에서 아라카와상고를 6-4로 물리치고 올라온 에도가와고다. 3루 쪽 관중석에는 에도가와고 학생들이 떼 지어 있고, '전원야구'라고 적힌 현수막도 걸려 있고, 관악대도 자리를 하고 있다. 이 학교는 3년 전에 예선대회 5회전까지 진출했기에, 학교의 이름을 내걸고 응원을 하고 있는 것이다. 한편 1루 쪽 가이세이고의 관중석에는 교복 차림의 학생이 드문드문 보일 정도이고 나머지는 일반 관객이 자리를 하고 있다. 학교 관악대도 없고, 응원단도 없다. 듣자니, "특별히 뭔가를 하지 않는다"는 게 가이세이고의 전통이란다.

"1번 타자, 3루수 후지타 군. 2번 타자, 중견수 나가에 군. 3번 타자, 투수 다키구치 군……."

운동장 여자 아나운서의 옥쟁반에 구슬이 흐르는 듯한 낭랑한 목소리가 운동장을 가득 채운다.

여름 햇살이 운동장의 잔디를 비추며 반사되고 있다. 운동복 위아래로 길게 줄무늬가 그어진 유니폼을 입은 가이세이고 선수들이 운동장을 향해 뛰어 나왔다. 그들을 이런 발치에서 본 것은 이번이 처음이다. 어딘가 어색한 달리기다. 그런데 이것을 보는 것만으로 뭔가 가슴에서 뜨겁게 올라오는 것이 있다. 나도 모르게 내 입에서 "파이팅!"이라는 말이 나왔다.

본 경기에 들어가기에 앞서, 홈플레이트에서 치는 공을 수비수들이 각자 위치에서 받아내는 수비 훈련을 했다. 보통 야구부에서는 코치가 공을 치지만 가이세이고에서는 코치도 없고 해서, "수비 실력으로는 시합에 출전할 수 없다"는 확신을 주는 시부야 모토키 군(1학년)이 타석에 들어섰다. 그리고 공을 띄우고 배트를 휘두른다. 경기장에서 탄식과 실소가 동시에 터져 나왔다.

하지만 이거야말로 가이세이고의 모습이다. 서툰 것을 자각하고 과감하게 배트를 휘두르는 것이다. 시부야 군이 친 공이 계속해서 가이세이고 수비수의 빈틈을 파고들어 잡기 어려운 쪽으로만 간다. 3루수인 후지타 군은 슬라이딩을 해서 흙먼지를 뒤집어 쓴 채로 공을 잡았다. 근데 지금은 훈련이다. 본 게임이 아닌 것이다. 연습 때에는 수비를 아무리 잘해도 전혀 쓸데가 없는 것이다. 어쨌거나 연습에 열중하는 가이세이고 수비수들의 실책이 눈에 띄게 줄어들어갔다. 관중들의 표정은 처음 실소를 머금어서 미안했다는 느낌마저 들 정도였다.

한편, 에도가와고의 수비 훈련은 한마디로 화려했다. 각 수비수의 위치로 공이 정확하게 날라 갔고, 수비수들은 부드러운 동작으로 공을 잡아 1루수에게로 던진다. 훈련 마지막에 가서는 외야로부터 한 명씩 홈베이스로 송구를 하면서 들어오면, 포수가 그들의 공을 잡고서 훈련을 마쳤다. 수비 훈련이 아니라 공연장에서의 퍼포먼스를 보는 듯했다. 3루 쪽 관중석에선 이미 그 열기가 뜨겁게 달아오르고 있었다.

두 학교는 홈베이스 앞으로 나와 일렬로 서서 인사를 했다. 사이렌 소리가 울렸다. 드디어 경기가 시작됐다.

에도가와고의 선공이다. 다키구치 군이 마운드에 서서 포수와 캐치볼을 한다. 다키구치 군은 며칠 전에 머리카락을 반쯤 잘라 온몸에 기합을 바싹 넣었다. 다키구치 군은 사이드스로우와 언더스로우 사이의 어중간한 각도에서 공을 던졌다. 1번 타자는 3루수 앞 땅볼이다. 3루수인 후지타 군이 순간 몸이 굳은 듯했지만, 공의 감촉을 음미하는 듯 정확하게 공을 잡고서는 곧바로 투구 동작으로 전환하여 1루수에게로 던진다. 아웃이다. 이것만으로도 1루 쪽 관중석에 있던 가이세이고 학생들은 환호성을 내질렀다. 이어서 2번 타자가 2루수 뜬공으로 아웃. 3번 타자는 좌익수 앞 안타를 쳤지만 4번 타자는 1루수 땅볼로 물러난다. 그런대로 경기 흐름이 나쁘지 않다. 그 다음 가이세이고의 공격은, 1번 후지타 군이 우익수 뜬공으로, 2번 나가에 군이 2루수 앞 땅볼로, 3번 다키구치 군도 2루수 앞 땅볼로, 삼자범퇴로 끝나고 말았다. 세 타자 모두 시원시원하게 스윙을 했는데, 그 결과야 만족스럽지는 않았지만 타선의 폭발을 예감하기에는 충분한 타격 자세였다. 한편 에도가와고의 선수들은 '홈런! 홈런!'을 연호하는 관악대의 응원 소리에 힘껏 고무되었다. 그런데 가이세이고 선수들은 화려한 응원단도 없이 본인들 스스로 소리치며 전의를 불사르고 있는데도, 왠지 든든하다.

그러나 위기의 순간이 일찌감치 2회에 찾아들었다. 에도가와고의 선두 타자가 좌익수를 넘는 2루타를 쳤다. 다음 타자도 유격수의 키를 넘는 안타를 치고 나가, 노아웃에 주자는 1루와 3루. 이어서 가이세이고의 다키구치 투수의 폭투로 주자는 2루와 3루가 되었다. 그리고 타자는 볼넷으로 출루하여, 누상의 주자가 꽉 찬 만루가 되었다. 그리고 선 취점을 얻기 위해서 에도가와고 타자가 번트를 댔다. 보통 때라면 3점 은 너끈하게 얻을 수 있는 공격을 했겠지만, 타자는 번트를 댔다. 그런 데 타구가 높이 뜨고 말아 가이세이고의 1루수 하야시 군(2학년)이 보 기 좋게 잡아 아웃시킨다. 그리고 타석에 들어선 다음 타자가 2루수 앞 땅볼을 쳤는데, 가이세이고가 무려 더블플레이까지 만들어내고, 상대 팀의 공격을 끝냈다.

1루 쪽 관중석에서는 마치 경기에서 이기기라도 한 듯 하늘을 찌를 듯한 환호성이 터져 나왔다. 얼떨결에 나도 모르게 자리에서 일어서서 '파이팅'을 연호했다. 이게 '무너지지 않는 견고한 수비'와 '끝내주는 수 비'가 아니면 무엇이란 말인가.

그리고 2회말 가이세이고의 타선에 점점 불이 붙기 시작했다. 4번 타 자 후루야 군이 유격수 앞 땅볼로 아웃되었지만, 5번 야기 군이 보기에 도 시원한 3루수 쪽 직선타를 쳤다. 타구가 너무 강해서 에도가와고의 3 루수가 공을 잡지 못했다. 후지타 군이었다면 잡을 수도 있었을 거라는 생각이 들었다. 그런 강한 타구의 경우, 에도가와고처럼 부드럽게 움직 이는 것보다 후지타 군처럼 그 자리에서 확실하게 잡고 나서 1루에 송구 하는 어색한 플레이가 사실은 효과적이지 않을까 싶었다. 이어지는 6번 사에키 군(2학년)도 3루수 앞으로 강한 땅볼을 쳤다. 비록 아웃이 되었 지만 가이세이고의 타력에 상대팀 투수가 기가 죽었는지, 7번 곤도 군 (3학년)이 볼넷으로 출루한다. 주자 1루와 2루의 득점 기회가 왔다. 하지만 8번 타자 하야시 군이 우익수 뜬공을 치면서 스리아웃. 아깝다!

가이세이고의 공격에서 특이한 것은 사인플레이를 하지 않는다는 것이다. 에도가와고의 선수들은 공 하나하나마다 벤치를 보면서 감독으로부터 사인을 받는다. 감독이 매사에 지시를 내리는 것이다. 그런데 가이세이고에는 그런 것이 없다. 선수들이 모두 스스로 알아서 판단을 한다. 그 결과 가이세이고는 이번 예선 대회에서는 약속된 사인플레이를 하지 않는 보기 드문 팀이 되었다.

아오키 감독의 말이다.

"사인을 내면, 그것을 그대로 실행에 옮기는 훈련이 필요합니다. 그런데 우리 팀은 그런 훈련을 할 시간이 없을뿐더러 선수들도 그런 훈련을 제대로 소화해내지 못합니다. 번트 사인을 내도 원래 선수들이 번트를 하지 못하는 겁니다. 그리고 사인을 보는 것은 몸에 붙어야 하는 습관인데, 우리 팀 선수들은 그런 습관이 없기 때문에 사인을 내도 그냥 흘리고 맙니다."

사인을 내도 별반 소용이 없다는 말이다. 어쨌거나 대량득점에 사인플레이가 없는 가이세이고다.

3회 초. 에도가와고는 득점을 올리지 못했다. 3회 말 가이세이고는 9번 타자 가와하라다 나오키 군(2학년)이 볼넷으로 출루했다. 이어지는 1번 타자 후지타 군이 몸에 맞는 볼로 출루해서, 누상의 주자가 1루와 2루인 득점 찬스를 맞게 된 가이세이고. 거기에 2번 타자인 거포 나가에 군이 이전보다 더 기백이 넘치는, 인왕상처럼 우뚝 선 자세에서 좌익수 앞 안타를 치고 나갔다. 누상은 만루가 되었다. 그리고 3번 타자 다키구치 군이 2루수를 넘기는 안타를 쳐서 가이세이고가 일거에 2점 을 먼저 얻었다.

가이세이고가 시합에서 상승세를 탄 듯했다. 하지만 4회 초에 뜻하지 않은 사태가 벌어졌다. 에도가와고의 선두 타자가 1루수 실책으로 출 루한 뒤에, 다음 타자가 친 타구가 투수 다키구치 군의 허벅지에 가서 맞은 것이다. 다키구치 군이 그 자리에서 쓰러졌다.

운동장이 소란스러워졌다. 몸을 가누지도 못하는 다키구치 군이 일 단 업혀서 마운드에서 내려왔다. 잠시 동안 치료를 받은 다키구치 군이 1루수로서 다시 운동장에 들어왔다. 투수는 오키 군(3학년)으로 교체되 었다. 그의 투구 자세는 온몸으로 공을 던지는 것처럼 보였다. 몸에 너 무 힘을 주었는지 타자를 몸에 맞는 볼로 진루시켰다. 가이세이고가 만 루의 위기에 몰렸다. 스트라이크를 던지지 못하는 오키 군이 다음 타자 를 볼넷으로 누상에 내보내면서, 밀어내기로 1점을 내주었다. 게다가 이어진 타자에게도 다시 볼넷을 주면서, 또 1점을 내주었다. 그리고 좌 익수 희생플라이와, 계속해서 좌익수 앞 안타로 2점을 추가로 내주었 다. 가이세이고는 이번 회에만 4점을 내주었다. 6회에는 안타와 2루타 에 다시 2루타로 2점을 또 내주면서 점수는 6-2가 되었다. 그러나 가 이세이고는 냉정을 잃지 않았다. 왜냐하면 수비에서는 실책을 거의 범 하지 않았던 것이다. 가이세이고가 안타를 맞는 것은 어찌 보면 당연하 다. 하지만 중요한 것은 수비가 무너지지 않았다는 것이다.

닥치고 풀스윙

6회 말. 가이세이고는 그 기세를 앞세워 점수를 얻을 반격에 나섰다. 6번 타자 사에키 군이 볼넷으로 출루하고, 7번 타자 곤도 군이 2루수 앞 내야안타를 쳤다. 8번 타자 오키 군이 타석에 들어섰는데, 상대팀 투수가 갑자기 폭투를 했다. 이로써 주자들은 한 루씩 진루하여 2루와 3루가 되었다. 오키 군이 투수 앞 땅볼을 치자, 사에키 군이 홈베이스로 달려들고, 오키 군도 1루에서 세이프. 그리고 9번 타자 가와하라다 군이 타석에 들어섰다. 누상의 주자들은 도루를 감행해서, 주자는 다시 2루와 3루. 가와하라다 군이 세게 친 공이 3루수 앞 땅볼이 되었는데, 수비수가 그만 실책을 범했다. 가이세이고가 다시 1점을 추가. 그리고 타석에 들어선 1번 타자 후지타 군이 어마어마한 기세로 헛스윙을 했는데, 이때 누상의 주자들은 모두 도루에 성공했다. 다시 주자는 2루와 3루. 후지타 군이 친 타구는 유격수 앞 땅볼이었지만 수비수의 실책으로 다시 1점 추가. 이번 회에서만 4점을 얻은 가이세이고가 드디어 동점을 만드는 데에 성공했다.

하지만 가이세이고 타선이 이번 시합에서는 폭발하지 않았다. 그런데 누상의 주자들이 달렸던 것이다. 타선이 폭발하지 않았는데, 주자들이 폭발했다. 상대팀의 실책과 도루 감행으로 가이세이고는 경기의 흐름을 자신들 쪽으로 되돌려 놓았다.

6회까지 양 팀의 점수는 6-6. 그 다음부터는 접전이었다. 7회 초, 에

도가와고는 3루수의 악송구를 틈타 진루하고, 그 다음 타자의 보내기 번트와 두 타자 연속해서 얻은 볼넷으로 만루의 기회를 얻었다. 하지만 투수 앞 땅볼이 병살타가 되어 득점을 얻는 데에는 실패했다. 6회 말 가이세이고의 공격은 사에키 군이 번트 자세를 취했다가 자세를 바꿔 중견수 앞 안타를 쳤지만 아쉽게도 공격이 종료. 그런데 8회 초 에도가와고가 우중간을 가르는 2루타를 치고, 다음 타자가 중견수 앞 안타로, 1점을 얻었다. 여기서 가이세이고의 투수는 다시 다키구치 군으로 바뀌었다. 장내 아나운서의 안내 멘트가 흘러나왔다.

"3루수 후지타 군이 1루수로, 1루수 다키구치 군이 투수로, 투수 오지마 군이 3루수로 바뀌었습니다."

가이세이고는 카드를 뒤섞듯이 선수들의 수비 위치를 바꾸었다. 그 때문일까, 가이세이고가 비록 안타를 한 개 맞았지만 이어진 두 명의 타자를 각각 3루수 땅볼과 파울플라이로 아웃시키면서, 8회의 위기 상황을 1점으로 틀어막았다.

점수는 7-6.

8회 말 가이세이고의 공격은 선두 타자인 후지타 군이 투수의 초구를 쳐서 중견수 앞 안타를 만들었다. 그런데 다음 타자인 나가에 군이 라인드라이브로 아웃되고 다키구치 군은 삼진아웃되었다. 그 다음 후루야 군은 3루수 앞 강습 땅볼을 쳤지만 수비수가 실책하는 바람에 출루했다. 하지만 다음 타자인 야기 군이 파울플라이로 아웃되면서 득점에는 실패했다. 그리고 9회 초에 에도가와고 역시 득점을 추가하지 못했다.

4이닝

드디어 9회 말.

가이세이고의 마지막 공격이 시작되었다.

대량득점도 필요 없다. 1점이면 충분하다. 2점이라면 금상첨화다.

타석에 들어선 타자는 6번 사에키 군이었다. 그는 한류스타 같은 깔끔한 외모의 선수다. 그 외모처럼 깔끔하게 안타를 치라고 내가 그토록 염원을 했건만 2루수 앞 땅볼로 아웃. 계속해서 7번 타자, 곤도 군. 그는 "칠 것 같을 때와 그렇지 않을 때의 차이가 확연히 구분된다"면서, 오늘은 왠지 치지 못할 것 같은 느낌이 든다고 했지만, 다행히 볼넷을 골라 진루했다. 이에 아오키 감독이 지체하지 않고, 팀에서 가장 발이 빠른 이케다 타쿠마 군(2학년)을 대주자로 내보냈다. 그리고 타석에 들어선 대타자는 시라이 군이었다. 그는 이날 대기자 명단에 있는 선수였는데 아오키 감독이 "지금 타격감이 가장 좋은 선수는 시라이"라고 판단했던 것이다.

호리호리한 체형의 시라이 군이 조용히 타석에 들어섰다. 그러고 보니, 그는 타석이 좋다고 말한 적이 있었다. 경기장의 모든 시선이 타자에게로 향하는 것이 좋다고 한 것인데, 게다가 지금은 그야말로 그 역할을 제대로 해야만 할 때인 것이다.

초구는 볼. 2구도 볼. 재빠르게 이케다 군이 2루로 도루한다. 그리고 시라이 군은 3구에 헛스윙한다. 이어진 4구도 시라이 군이 헛스윙하자 2루에 있던 이케다 군이 3루 도루에 성공한다. 일반적인 야구 이론이라면 여기서 스퀴즈 작전을 구사한다. 확실하게 1점을 얻어서 동점을 만드는 것이 누가 봐도 감독이 구사할 전술이겠지만 가이세이고는 마지막까지 있는 힘껏 풀스윙을 한다. 투수가 던진 공이 볼이 되어, 볼카운트가 투스트라이크 쓰리볼이 되었다. 시라이 군이 그 다음 공에 과감하게 배트를 돌렸지만 또 헛스윙이다. 결과는 삼진아웃. 손목만을 돌린 것 같은 스윙으로 아웃된 시라이 군이 씩 웃지만 곧바로 쑥스러워하며 벤치로 들어간다. 그리고 이어진 9번 타자 가와하라다 군도 보기에도 시원하게 배트를 휘두른다. 하지만 마지막은 스윙 한번 제대로 하지 못하고 자리에 선 채로 삼진아웃을 당했다.

구장에는 경기 종료를 알리는 사이렌 소리가 울렸다. 선수들이 홈베이스 앞으로 나와 일렬로 섰다. 그리고 가이세이고 선수들이 1루 쪽 관중석 앞으로 달려간다. 주장 다키구치 군이 입을 열었다.

"정말 고맙습니다!"

그리고는 그대로 무릎을 굽힌 채로 울음을 터트리고 말았다.

마지막으로 에도가와고의 관악대가 응원가를 연주하면서, "플레이! 플레이! 가이세이!"라고 입을 모아 환호를 보낸다. 여기에 답이라도 하듯이, 가이세이고 쪽 관중석에서도 모두가 일어나서, "플레이! 플레이! 에도가와!"라며 연호를 했다.

선수들은 벤치로 빠르게 들어가 가져온 물품을 챙기고는 경기장 밖으로 향했다. 가보니 삼진아웃을 당한 시라이 군이 대성통곡을 하고 있었다. 그 모습을 보며 무슨 말로 위로해야 하나 생각을 하고 있는데, 다키구치 군이 내 쪽으로 와서는 모자를 벗고서 고개를 깊숙이 숙인다.

"정말 죄송합니다."

그 말에 내가 훌륭한 시합이었다고 하자, 그가 그러냐며 쑥스러운 듯이 웃는다. 객관적으로 보더라도 이번 시합은 훌륭했다. 점수 차를 경쟁하는 모습을 띠었기 때문이다. 가이세이고가 표방하는 야구 이론과는 조금은 다른 경기였지만, 그것은 결과로서 그렇게 된 것이었고, 공격 자체로는 대량득점을 목표로 했기 때문이다. 고시엔에는 출전할 수 없게 되었다. 하지만 그것은 어디까지나 결과에 따른 것이었다.

"시합은 졌지만 우리들이 하려는 것은 어느 정도 달성했습니다. 충분하진 않지만 잘했다고 생각합니다."

아오키 감독도 조금은 흥분한 듯했다. 수비에서도 치명적인 실수는 없었고, 득점을 할 수 있는 데까지는 점수를 얻었다는 것이다.

"시라이 군도 마지막까지 제대로 스윙을 했습니다. 타격이 아무리 좋다고 해도 6,70퍼센트는 실패하기 때문에 그때에는 달리 방법이 없습니다. 게다가 대주자로 나간 이케다 군도 스스로 판단해서 실행에 옮긴 주루 플레이를 잘했다고 생각합니다."

가이세이의 여름은 그렇게 첫 번째 시합에서 끝이 났다. 가위바위보 놀이에 졌을 뿐이라고 할 수도 있다. 하지만 거기에도 그만의 아쉬움이 있다. 가위바위보 놀이이기 때문에 다음번에는 이길 것 같은 느낌이 들기도 하는 것이다. 그들의 도전은 아직 끝나지 않았다. 나는 나도 모르게 또 같은 말을 읊조리고 있었다. '끝나기 전까지는 끝난 게 아니다!'

5부

가설은 검증하라

　흔히, 여름 대회가 끝나면 선수들의
기운이 빠진다고들 한다. 가이세이고의 경우에도 말 그대로 정말로 기
운이 빠진 것 같아 보였고, 심지어 선수들의 모습까지도 더 작아지고
위축된 듯했다. 아마 3학년생들이 야구부를 떠났기 때문일 것이다. 예
전 같으면 주장 다키구치 코스케 군이나 후루야 토오루 군이 "늦지 말
란 말이야!"라고 고함을 치면, 하급생들이 "늦지 않는다!"라며 그 뒤를
따랐다. 뒤처지더라도 차이가 있고 거기에 어떤 전체적인 방향성 같은
것이 보이기도 했다. 그런데 이제는 전원이 한데 줄을 지어 조용하게
뒤처지고 있기 때문에, 대체 무엇을 하려는지 모를 정도다. 이를테면,
브라운 운동(액체 또는 기체 안에서 떠서 움직이는 작은 입자들의 불규칙한
운동-옮긴이)에서의 입자처럼 제각각 무질서하게 움직이는 것 같은 느
낌이라고나 할까.

의지에 관한 단상

　운동장은 조용했다. 나는 야구부의 새 주장이 된 2학년생 후지타 토모야 군과 대화를 나눴다. 전통적으로 가이세이고에서 야구부 주장은 선수들 사이에서 자연스럽게 정해지는 듯했다. 주장 선출과 관련된 어떤 대화의 시간도 없으며, 1학년 학생들 사이에서 알게 모르게 결정된다고 한다.

　"따로 적임자가 있는 건 아닙니다. 저도 주장에 어울린다고 생각하진 않습니다. 그런데 제가 한 성질 하거든요."

　오른쪽 발목을 문지르면서 후지타 군이 중얼거렸다. 그는 야구를 하기 위해서 세이코학원중학교에서부터 가이세이고로 진학한, 야구에 관해서는 둘째가라면 서러워할 정도의 마니아였다. 후지타 군은 훈련 중에 발목을 삐끗해서 오른쪽 발은 샌들을 신고 있다. 훈련량이 적은 가이세이에서 부상을 당하는 학생들은 거의 없기 때문에, 이것도 야구에 대한 의지의 표현이라고 해야 할까.

　"우리들은 주 1회밖에 훈련을 하지 못하기 때문에, 그 훈련은 모두 실전처럼 하지 않으면 안 된다고 생각합니다. 본 게임을 항상 의식한다고나 할까요."

　그는 주장으로서의 포부를 조용히 밝혔다.

　"근데 저 선수 한번 보세요."

　후지타 군이 1루와 2루 사이에서 야구글로브로 얼굴을 가리고 웃으

며 얘기를 하고 있는 하야시 료타로 군(2학년)을 가리킨다.

"전혀 훈련을 의식하지 않고 있습니다."

"그게 뭐 어쨌다는 건데요?"

나의 궁금증에 후지타 군이 말을 이었다.

"우리 팀은 제가 뭐라고 해서 움직이는 집단이 아닙니다. '자 훈련하자!'고 해도 말을 잘 들질 않아요. 저는 제 본연의 역할만 할 수밖에 없습니다. 어차피 선수들은 까딱하지 않을 테니까요. 정말이지, 뭐라고 하지 않아도 좀 움직여 주었으면 해요."

"너무 무기력한 거 아니에요?"

내 질문에 그가 곧바로 답을 했다.

"아닙니다. 가이세이고는 기분이 업(Up) 되는 것도 늦습니다. 시합 전부터 파이팅 기세가 느껴져야 하는데, 경기가 시작되어도 그게 잘 안 느껴져요. 그런 기세등등함을 아예 모르는 것은 아닌지, 그런 생각까지 들더라고요."

동기도 모르고 있다는 걸까. 그것이 하고 싶은 마음이 없다는 것과는 결과적으로 같은 뜻이겠지만, 주장으로서는 선수들에게 먼저 자각을 촉구하고 싶은 것이다.

"가이세이고의 야구는 어디까지나 강제가 없는 자율야구입니다. '자기에게 필요한 것을 스스로 한다'는 거죠. 팀의 이상적인 모습은 그런 겁니다. 하지만 결국에는 선수들이 게으름을 피우고 맙니다."

후지타 군이 한숨을 쉬었다. 그러고 보니, 사에키 켄타로 군(2학년)도,

"컨디션이 나쁘면 훈련을 더 하면 되는데, 컨디션이 계속해서 좋아서 그럴 필요는 없다고 생각한다"면서 본인에게 필요한 것을 스스로 억제하고 있는 듯했다. 그런 사에키 군이 의외로 다키구치 군을 이어서 새로운 주전 투수가 된 것이다.

"투수를 하고 싶었나요?"

사에키 군에게 확인하려 하자, 그가 아니라며 수줍어한다.

"제가 한번 던져 봐도 되겠냐고 말씀을 드린 건데요. 그게 어쩌다 보니 이렇게 된 거예요."

예전부터 사에키 군은 겉모습이 멋있어 보이는 것에 유달리 신경을 쓰는 듯했다. 점프를 해서 공을 잡거나 글로브로 토스를 하는 것이 멋있다고 생각해서 2루수를 맡은 것처럼 말이다. 근데 지금은 투수가 더 멋있어 보이기라도 한 걸까.

"특별한 이유라도 있어요?"

"아니요. 제가 다른 사람보다 좀 나은 것을 말해 본 겁니다."

"본인이 한 말 때문에 투수가 되었다는 건가요?"

"그런 건만은 아니고요."

가이세이고 선수들에게서 의지를 확인하는 것은 쉽지 않다. 한마디로 어렵다. 처음부터 "하고 싶었다"라고 말하면 깔끔하게 정리될 것을, 객관적인 묘사를 서서히 섞고 난 뒤에 가서야 그것을 본인의 의지인 것으로 마무리를 짓기 때문이다.

덧붙여서 사에키 군과 짝을 이루는 새로운 포수가 된 선수는 2학년

인 야기 쇼타로 군이었다. "외야는 시원하다"는 이유로 줄곧 좌익수를 맡고 있었던 그에게 내가 물었다.

"왜 하필 포수예요?"

그가 눈을 삐끔거리며 말했다.

"저는 전에 포수였습니다."

중학교 때에는 포수를 맡았다는 얘기를 그에게서 전에 들은 것 같은 생각이 나서, 내가 물었다.

"그래요? 중학교 때요?"

"아니요, 그때는 1루수였습니다."

"그럼 그 후에 포수를 했나요?"

"아니요. 그 다음에는 좌익수였습니다."

그럼 언제부터였냐고 내가 묻자 몇 개월 전부터란다. 하긴 이것도 지난 때이니 그의 말이 틀린 것은 아니다. 그러나 내가 알고 싶은 것은 지금 왜 포수 마스크를 쓰게 됐는지 그 이유였다. 그래서 거듭 그 까닭을 물었더니, 야기 군의 대답이 이랬다.

"전에 포수를 맡았던 후루야 군이 빠져서요."

그렇다면 그 전에는 포수를 맡은 적이 없었나 하는 생각에, 이번에는 내가 어안이 벙벙해졌다.

"그러면 후루야 군이 자리를 비워서 야기 군이 포수를 맡은 건가요?"

야기 군이 고개를 갸웃거리더니 이렇게 답했다.

"아닙니다. 우리들을 대신할 포수가 따로 없기 때문입니다."

나는 잠시 가만히 있었다. 그렇다면 왜 본인이냐고 묻는다고 해도, 야기 군은 "저밖에 없으니까요"라고 답할 것이다. 그리고 내가 다시, 그럼 왜 당신밖에 없냐고 물으면, "자기밖에 없다"는 대답을 할 것이다. 그렇게 묻기와 답하기가 뱅뱅 제자리를 돌 게 뻔하다. 아마 그 "왜"라는 질문이 잘못되었기 때문일 것이다. 확실히 나는 이 물음을, "따로 포수를 맡을 사람이 없는 상황에서 본인이 솔선수범해서 포수가 되려는 의지를 가지고 있었나?"라고 질문 내용을 바꿔 물어야 한다고 생각했다.

문득 아오키 감독이 평소에 고함을 지르는 게 떠올랐다. 그가 선수들에게 내는 고함과 질타도 확실히 이론으로 꽉 차 있었다. 예를 들어, 가이세이고의 운동장에서 시합이 벌어질 때에 외야에 붉은색이 칠해진 원뿔 모양의 기구가 여전히 그대로 있는 것을 보고, 아오키 감독은 "저거 빨리 치우지 못해!"라고 말하지 않고, "저 원뿔을 놓은 녀석은 저것을 놓은 이유를 알지 못하는 녀석이다!"라고 고래고래 소리를 지른다. 출루하고서도 정신을 놓고 있는 선수들에게는, "우리 팀 야구는 긴장을 늦춰서는 안 된다!"라고 한다. 수비할 때 선수들이 공을 쥐고서 어찌할 바를 모르면, "인간으로서의 기본적인 움직임도 하지 못한단 말이냐?", "그런 건 있을 수 없다!"라고 한다. 내지르는 분노도 확실히 객관적인 내용으로 표현하는 것이다. 고함을 지르지만 명령하지 않고, 관찰에 기초해서 학생들의 자주성에 상처를 주지 않으면서 객관적인 내용으로 다그치는 것이다.

먼 곳을 보면서 야기 군이 불쑥 말문을 열었다.

야구에서 강력한 타구와 조우하는 것은
야수들의 숙명이다. 그리고 그 숙명은
'위기'이자 '기회'이다. 강력한 타구가
자신에게 오는 것을 두려워한다면
그 야수에게는 온통 위기만이 존재한다.
하지만 '어디 올 테면 와라'라며
호기롭게 생각을 고쳐먹는다면
'위기'라는 두려움은
어느새 사라져 버린다.
그 순간 그 야수에게는 멋진 플레이를
펼칠 '기회'만이 존재하는 것이다.

"우리 팀은 역시 뭔가 빠져 있는 건가요?"

"무슨 말이에요?"

"다른 팀을 보면, 예를 들어, 기회가 오면 안타를 치거나 볼넷으로 출루하면 그 순간에 분위기가 후끈 달아오르잖아요. 근데 우리 팀은 그 템포가 느려요. 뭐랄까. 음, 지체되는 것을 기꺼이 수용하는 것 같아요. 그러니 승부에 대한 집착 역시 전반적으로 엷다고나 할까요."

"그런가요?"

뭐라 딱히 할 말이 없었다. 선수들의 의지가 부족하다고 말하기도 어려운 것이 그들 스스로가 이렇게 야구를 하고 있기 때문이다. 따라서 의지가 없다고도 하기 어려운 것이다. 거기에 나부터도, "하려는 의지가 있는가?"라고 물어도 그 정도까지는 "없는" 것 같은 생각이 들기도 한다. 반대로 "하려는 의지가 없는가?"라고 하면 또 그렇지도 않기 때문에 "있는" 것 같은 생각이 든다. 따라서 가이세이고 선수들의 의지의 있고 없음은 원래부터 정확히 판단할 수 없는 성질의 것이라고 할 것이다.

실험과 연구

10월 1일.

가이세이고에서 도립 무사시고와의 연습 경기가 벌어졌다. 그런데 그 때도 야기 군이 말한 이기고자 하는 승부욕을, 운동장 어딘가에 흘린 동전처럼 찾을 수가 없었다. 상대팀이 간파할 정도로 가이세이고 야

구부는 무기력함에 빠져 있었다.

가이세이고의 선발 투수는 하야시 군이었다. 선두 타자부터 시작해서 연이어 볼넷을 주고, 가이세이고는 순식간에 만루의 위기를 맞았다. "지금이 승부처다!"라는 아오키 감독의 고함을 듣고도 다시 볼넷으로 타자를 출루시켜 밀어내기로 1점을 내주었다. 다음 타자가 친 내야 땅볼은 수비수가 실책해서 잡지 못하고 다시 1점을 내주었다. 게다가 볼넷으로 또 1점을 내주었다. 소리를 질러도 듣지를 못하는지, 한 1학년생이 "아직 안타는 안 맞았다!"고 응원을 보냈다. 그런데 타자가 칠 수 없는 공만 투수가 던지면 야구 경기는 진행되기가 어렵다. 승부 이전에 경기 진행 자체가 위기를 먼저 맞을 지경인 것이다.

다행인지, 가이세이고의 운동장이 좁기 때문에, 타석의 위로 넓게 쳐진 그물에 타자가 친 공이 맞으면 아웃이 된다는 임시 규칙이 시합에 적용되었다. 그 때문에 가이세이고가 아웃카운트를 하나 잡았고, 나머지 두 타자는 내야 땅볼을 쳤고, 주자는 홈에서 아웃되었다. 그리고는 공수 교대.

1회 말 가이세이고의 공격에서 1번 타자 이케다 타쿠마 군(2학년)이 안타를 쳤지만, 그 다음에 시도한 도루에서 아웃되었다. 2번 타자 야기 군은 3루수 앞 땅볼, 3번 타자인 주장 후지타 군은 중견수를 넘는 2루타를 쳤고, 이어지는 4번 타자인 하야시 군도 좌익수 앞 안타를 쳤지만, 투수의 견제구에 걸려 아웃되고 말았다.

이 날, 가이세이고의 공격은 왠지 이 패턴을 반복했다. 2번, 3번, 4번 타자는 모두 안타를 치고 진루했지만 견제구에 걸려 아웃되고 만 것이다. 상대팀 투수는 왼손잡이 투수였다. 투수가 다리를 올리고 공을 던지는 자세에 들어가자마자, 가이세이고의 주자들은 2루 도루 결심을 하고 달리기를 시작하는 것이다. 그런데 투수는 그 자세에서 그대로 1루수에게 견제구를 던져 주자를 아웃시킨다. "스타트를 천천히 끊어도 돼!"라고 아오키 감독이 소릴 질러도 누상의 주자들은 몸동작만 천천히 할 뿐, 도루 스타트는 빨리 끊어서 아웃이 되는 것이었다. 아오키 감독이 분을 삭이지 못했다. 그의 입에서 부드러운 말들이 나올 리가 없었다.

곧이어 가이세이고는 안타도 치지 못하고, 말 그대로 배트 한번 제대로 휘두르지 못하고 타석에서 선 채로 삼진을 당했다. 그리고 수비를 할 때에도 포수인 야기 군이 연이어서 실책을 범했다. 투수가 던지는 공을 야기 군은 몸을 들어서 움직여 잡았다. 투수의 공은 몸을 움직이지 않고 잡아도 되는데, 스트라이크 존에 들어오는 공도 포수가 무리한 자세에서 잡기 때문에 포수가 공을 놓치면 뒤에 서 있는 심판이 맞기도 하는 것이었다. 결국에는 심판까지 포수에게 "똑바로 잡지 못해!"라고 주의를 주었다.

아오키 감독에 따르면, 이것은 실력이 부족한 선수들에게서 나타나기 쉬운 행동이었다. 공격에서도 수비에서도 공이 오면 상체가 먼저 반응한다는 것이다. 상체가 공에 먼저 반응을 하는데 하체가 그보다 느리게 되면, 수비의 경우에는 공을 잡으러 갈 위치로 몸을 재빠르게 이동

하지 못하게 된다. 반면 공격의 경우에는 충분한 스윙을 하지 못하게 된다. 여기에, "기운 내!"라는 의지를 돋우는 말이라도 들으면, 상체가 더 먼저 움직이게 돼서 스윙 속도는 더더욱 느려지고 마는 것이다.

가이세이고는 선수 전원이 상체를 먼저 움직이는 것처럼 보였다. 배트는 제대로 휘두르지 못했고, 수비할 때에도 멍하니 선 채로 공을 지켜보는 플레이를 했다. 아오키 감독도 누구를 질책하면 좋을지를 모르는 상태에서 소릴 질렀다.

"그래, 그렇게 하란 말이야! 모 아니면 도야!"라며 상대팀 선수의 타격 자세를 칭찬하거나, "기합은 나만 넣는 건가!", "자! 하자! 내가 왜 하는데! 라고 말하는 이게 우습지 않냐!"라며, 스스로를 책망하는 듯했다. 그리고 포수가 던지는 공을 투수가 점프를 해서 잡으려고 하질 않나, 점프하고는 착지한 곳에서 공을 잡으려는데, 아오키 감독이 고함을 질렀다.

"인간으로서의 본능도 없단 말이야!"

"그게 사람이 할 짓이야!"

시합에서는 5-4로 가이세이고가 졌다. 점수로만 본다면 양 팀은 접전을 펼쳤다. 하지만 아오키 감독의 고함을 들으며 경기를 본 탓도 있고 해서, 여느 야구 경기보다도 시합에 출전한 사람들의 원초적인 모습을 본 것 같았다.

"분명히 말씀드리지만, 지금 우리 팀의 상태로는 경기를 치룰 수가 없습니다. 수준이 너무 낮습니다. 지금까지 공을 제대로 치지 못하는 선수들이 있었습니다만, 이건 못 쳐도 너무 못 칩니다. 스윙 이전에 타석에 들어설 마음이 애초에 없는 겁니다. 승부를 겨룬다는 생각이 아예 없는 겁니다."

아오키 감독의 불평불만은 계속됐다.

"해결할 방법은 없나요?"

"승부를 걸어야죠. 타석에 들어서서는 상대팀 투수가 던지는 공 하나하나에 승부를 걸어야 합니다. 몇 번이든 나는 공을 칠 수 있다, 맞힐 수 있다는 생각이 긴장감을 덜어주기 때문입니다. 물론 연습이 원래 적기 때문에 이런 생각을 하는 것 자체가 논외이긴 합니다만 말이죠."

"좀 더 구체적으로 말씀해주시죠."

"운동장에서 하는 것은 '연습'이 아닙니다."

감독은 이해하기 어려운 말을 했다.

"그럼 뭐죠?"

"'연습'이라는 건 같은 것을 반복해서 몸에 익힌다는 뜻입니다. 그러나 우리 팀의 경우는 반복할 시간이 없습니다. 따라서 몸에 익히는 것을 기대할 수도 없습니다. 게다가 저마다 반복해야 하는 뭔가를 확실히 파악하지 못하고 있기 때문에 훈련은 안 됩니다."

"그러면 뭐를 해야 하는데요?"

나의 물음에 감독이 웃으며 답했다.

"'실험과 연구'입니다."

"실험과 연구?"

"운동장을, 연습이 아닌 '실험의 장'으로 생각하는 것입니다. 연습을 하기 전에 각자가 가설을 세워서 저마다 그것을 검증하는 겁니다. 거기서 얻은 결과를 다시 피드백해서 다음의 가설을 세우는 데에 이용합니다. 이 과정을 반복하면서 요령을 파악하는 겁니다. 일단 요령을 발견하면 이번에는 그것을 반복해서 몸에 익힙니다. 이렇게 하면, 맨 처음에 '연습'이라고 말한 것에 부합할 수 있는 것을 하게 되는 것입니다."

공 하나하나로 실험을 한다. 운동장에서 하는 것은 같다. 그러나 그것을 대하는 자세를 바꾸는 것이다. '연습'이라는 말을 들으면 나부터도 막연한 피로감을 느끼지만, '실험과 연구'라면 왠지 목적의식이 느껴져서 신선하게 들린다. 가이세이고의 선수들은 이과 지망생이 많기 때문에, 그들도 이렇게 한다면 변화된 모습으로 거듭날지도 모른다.

과제는 바로바로 해결한다

가이세이고 야구부가 운동장을 사용할 수 있는 것은 주 1회밖에 없지만, 그 이외에는 방과 후(오후 3시~5시)에 운동장의 옆 공터 아니면 근처의 비탈길 또는 체력 단련실에서 개인 훈련을 할 수 있다. 그리고 각자 기초 체력을 기르면서 가설을 확인하고 운동장에서는 실험으로 검증하는 단계를 거친다.

목요일이었는데, 하루는 내가 운동장 공터에 갔을 때 후루카와 나츠키 군(2학년)이 스윙 연습을 하고 있었다. 그는 하루도 빠지지 않고 '아침 훈련'(오전 7시부터 8시까지 배드민턴 셔틀콕을 친다)을 하고, 월·수·금 방과 후에는 개인 훈련까지 하고 있는 모양이었다.

"제 문제는 타석에 섰을 때 왼쪽 발이 서 있는 위치가 좋지 않은 것입니다."

후루카와 군이 배트를 쥐면서 시원시원하게 설명했다.

"발끝이 이렇게 열려 있습니다. 그래서 배트 궤적이 바로 이렇게 되니까, 문제가 되는 겁니다."

뭐가 문제인지 나는 잘 몰랐지만, 그에게 해결책을 찾았는지를 물었다.

후루카와 군이 환하게 웃으면서 답했다.

"여름 방학에 웬일인지 한 번 잘한 적이 있었어요. 그 때 연습 경기에서 2루타를 한 시합에서 세 번이나 쳤거든요. 그래서 '이거다!'라고 생각했습니다."

"웬일로요?"

"배트를 짧게 잡았거든요. 거기서 '짧게 잡으면 칠 수 있다'고 생각했습니다. 그런데 그 후에는 또 전혀 치지를 못하는 거예요. 솔직히 잘 모르겠더라고요. 짧게 잡아서 칠 수 있었던 게 아니라 짧게 잡은 것이 뭔가를 잘 풀리게 했던 거 같아요. 근데 저는 그것을 '짧게 잡는다'는 것으로 생각한 거죠. 그리고 여태까지 잘 치지 못하게 된 겁니다."

"지금은 뭔가를 깨닫기라도 한 건가요?"

내 질문에 후루카와 군이 다시 배트를 잡으면서 느린 동작으로 스윙을 하면서 말했다.

"양 발의 폭을 좁히고, 이렇게 상체를 축으로 흔들면 안정감이 들더라고요."

"상체를 축으로요?"

"그렇습니다."

야구의 기본은 하체다. 근데 상체를 축으로 한다면 위아래가 뒤바뀌는 건데.

후루카와 군의 스윙 자세를 보니, 상체를 축으로 한다기보다는 몸 전체를 하나의 축으로 해서 흔들리지 않으려고 한다는 생각이 들었지만 말이다.

나는 아무렇지도 않은 듯이 후루카와 군의 생각을 고쳐보려고 시도했다.

"확실히 그러네요. 그럴 수 있겠네요. 하지만 뭐랄까 이미지로서는 '상체를 축으로 한다'는 생각이 들어서요. 아직 해결책이라고 말할 순 없지만 혼자서 여러 가지 시도해 본 결과로, 이 자세에서 정말 잘 칠 수 있었거든요."

기쁜 마음으로 반복하는 후루카와 군의 스윙을 보니 그가 말한 '상체'란 발끝 이외의 모든 부분을 이미지화한 것으로 느껴졌다. 따라서 그게 손상돼서는 안 될 것만 같았다. 스스로 얻은 것은 다른 사람들에게도 적용되는 것이 아니기 때문에 어디까지나 본인만의 생각이기 때문이다.

"그거 말고도 최근에 새롭게 하는 게 있는데요."

후루카와 군이 나를 보며 말을 잇는다.

"뭔데요?"

"방 안에서 스윙을 하고 있습니다."

"어디서요?"

"방을 정리하면 스윙을 할 수 있습니다. 예를 들어 집에서도 수학 공부를 하지 않습니까. 수학이 끝나면 스윙을 20번 합니다. 그리고 다음 과목을 공부합니다. 과목이 바뀔 때마다 스윙을 하는 겁니다."

들자니, 후루카와 군은 부모를 따라 미국에서 귀국했단다. 한 살 때부터 초등학교 4학년 때까지 미국에서 생활했고, 그곳에서 야구를 시작했다. 그래서일까. 후루카와 군은 "저는 야구라면 뭐든 다 좋아해요"라면서 해맑게 웃으며 말한다. 중학교는 일본에서 공립학교를 다녔는데, 자유분방한 학교 분위기에 이끌려 가이세이고에 들어왔단다. 덧붙이면, 후루카와 군은 학원에 다니지 않는다. 그는 본인의 표현을 빌리면, "스스로 알아서 공부하는 스타일"이란다.

"저는 한 시간밖에 집중을 하지 못해서 공부도 한 시간 단위로 나눠서 하고 있습니다."

후루카와 군이 자신의 하루 스케줄을 설명하기 시작했다. 귀가는 오후 다섯 시가 넘어서 하는데, 먼저 오후 여섯 시부터 일곱 시까지 집중해서 공부한단다.

"부모님께는 저녁 식사를 일곱 시에 달라고 말씀드립니다. 그러면 저녁 식사 시간에 휴식을 취할 수도 있으니까요."

식사를 마치고 일곱 시 반부터 여덟 시 반까지 공부한다. 그 다음에는 샤워를 한다. 그러면 "샤워할 때에도 휴식을 취할 수 있다는 것"이다. 그리고 아홉 시부터 열 시까지 공부하고는, 그 다음에는 도시락통을 깨끗이 씻어 놓는다. 역시 이때에도 공부한 후에 휴식 시간을 겸하는 것이다. 그리고 밤 열한 시가 넘어서 잠자리에 든다. 군더더기 없는 시간표이다.

후루카와 군의 장래 희망은 "시간과 돈이 충분히 있다면 동물학자가 되는 것이지만, 현실을 감안하면 의사"라고 말한다. 그런데 의사가 되더라도 예순 살이 넘으면 아프리카로 가겠단다.

"룰루랄라~" 콧노래를 흥얼거리며 천하태평인 나 같은 위인은 감동을 받을 만한 발언이었다. 후루카와 군은 '실험과 연구'를 열심히 수행했고, 그의 하루는 실험과 연구로 채워져 있는 듯했다.

"근데 저는 국어 성적이 안 좋아요. 동기 부여가 안 돼서 그런지, 10분 이상을 못하겠더라고요. 미국에서 살았던 적이 있어서 영어 과목은 괜찮은데 말이죠."

"무슨 이유가 있어요?"

"다른 과목은 정답에 이르는 과정이 분명하지 않습니까? 근데 국어 문제에는 그게 없어요. 매번 문제를 푼다고 해도 정답이 아니고요."

"그게 야구와 비슷한 것 같은데요?"

내 말에 그는 놀란 표정이었다.

"그, 그, 그, 그렇지 않습니다. 고, 고, 공통점은 있을지 모르지만요."

나는 실마리를 찾은 듯했다. "요령"이나 "이미지"라는 것은 단지 말일 뿐이다. 스윙도 배트가 공을 맞히는 물리 현상이지만, 안타가 될 확률은 높아봐야 30퍼센트 안팎이다. 아오키 감독이 말한 것처럼, "우선 딱 들어맞는 타이밍에 스윙을 하는 것"이 중요하다. 확실한 프로세스를 따라서 배트의 궤적을 '우선'이라든가 아니면 '당장'이라는 말의 뉘앙스를 저들은 모르는 건 아닐까.

"저는 국어 과목보다는 말이 서툴러요."

이상하게도 이런 고백을 한 선수는 야마다 아유무 군(1학년)이었다. 그는 가이세이중학교의 연식야구부를 거쳐 가이세이고 야구부에 들어온 학생이다. 야마다 군은 중학 입시 공부를 할 때에는 공부가 재미있었고, 전 과목에 걸쳐 특별히 요령도 필요 없었으며, "원래부터 그냥 어렵지 않게 할 수 있었던 게 그대로 자연스럽게 이어져 공부를 잘할 수 있게 되었다"고 했다. 그런데 중학교에 입학하고 난 후로 국어나 영어 과목에 주눅이라도 든 것 같았다.

"언어 영역에서는 단어의 뜻 말고도 외울 게 많잖아요. 근데 그런 걸 문제를 푸는 데만 사용하니까 재미를 전혀 못 느끼겠더라고요."

그 때문일지도 모르지만 야마다 군에게는 가설이나 풀어야 할 과제도 명확하지 않았다.

"저의 과제는 '공이 떨어지는 지점에 들어가는 것'이라고나 할까요."

외야수인 야마다 군은 실책을 많이 범하는 편이다. 플라이 공이 오면 충분히 잡을 수 있는 거리에 있더라도 움직이지 않고 그대로 서서 공만

처다보거나, 공의 낙하지점에 있더라도 공을 잡지 못하고 원바운드된 공도 놀라면서 잡는 것이다.

"공이 날라 오면 마음이 조급해지고, '잡지 못하겠다'는 생각이 들기도 해요."

"초조하면 안 되는데 말입니다."

"맞아요. 근데 초조해지지 않으려고 해도 '잡지 못하겠다'고 생각하면 진짜로 잡지 못하게 되더라고요."

"그럼 '잡을 수 있다'고 생각하면 되는데 말이죠."

"아니요. 아무것도 생각하지 않아야 공을 잡을 수 있습니다. 하지만 바로 이 생각을 해버리면 공을 잡지를 못합니다."생각건대, '잡을 수 있다'라거나 '잡을 수 없다'라는 가능성을 따질 게 아니라, 처음부터 '잡는다'라고 마음을 정하면 될 것이다. 잡을 수 있기 때문에 잡는다가 아니라, '잡는다'고 마음을 먹었기 때문에 공을 잡을 수 있으면 그것으로 되는 거다.

"근데 말입니다. 그것보다는 낙하지점을 예측할 수는 있어요?"

내 질문에 야마다 군이 얼굴을 찡그리며 고개를 젓는다.

"그, 그, 그게 안 됩니다."

야마다 군이 풀어야 할 과제는 예측하는 것이다. 대화를 나누는 과정에서 왠지 가설이 정리되고 있는 듯한 느낌이다.

"저는 예측을 합니다."

재빨리 말을 시작한 학생은 이시하라 켄타로 군(1학년)이다. 그도 외야수이다. 이시하라 군은 한때 유도부이기도 했는데, 특기는 '엎어치기와 빗당겨치기'였다. 이 기술 모두 공을 던지는 것과 같은 요령으로 상대방 선수를 내던지는 것으로, 양쪽 훈련이 야구와 유도에 모두 상승효과를 만들어내는 것 같다.

"예측은 하겠는데 거리감이 떨어지는지, 타구가 머리 위로 날아가거나, 제 앞쪽으로 떨어질 때도 있습니다. 야구에서는 뭐랄까 예상 외의 일들이 벌어집니다. 공이 똑바로 오지 않고 옆으로 빗나가기도 하고요."

마치 공에 원인이 있다는 듯한 말투였다.

"그건 본인의 예측이 빗나갔다는 거 아닌가요?"

내가 참다못해 지적하자, 그가 고개를 끄덕였다.

"맞습니다."

이시하라 군이 쓸쓸한 표정을 지으며 웃는다.

"예측의 범위가 너무 좁은 거 같습니다."

"그렇습니다. 저는 미리 그 범위를 제한해버리니까 임기응변 같은 걸 못 하겠더라고요."

"저도 그렇다고 생각합니다. 그러니까 예측의 범위를 좀 더 넓히면 좋을 것 같네요."

"그러네요."

이렇게 해서 언어상의 문제는 해결했지만, 실제는 그렇지 않다면서 이시하라 군이 끄응 앓는 소리를 낸다.

"타격도 스윙도 공이 눈앞에 있으면 못 해서요."

이시하라 군도 역시 '할 수 있다'와 '할 수 없다'라는 좁은 의미에서 골머리를 앓는 듯했다. 그런 그의 태도는, '할 수 있다'는 것을 하려고 일을 벌이기 때문에 행동도 제한적으로 되니까 차라리 '다 못한다'라고 둘러대는 것으로 비치기도 한다.

올 테면 와라!

1학년생 가운데 가설이 가장 튼실한 선수는 3루수를 지망하는 다다 테츠로 군이었다. 176센티미터의 키에 몸무게는 77킬로그램. 고교야구 선수로서도 근육질 형의 체구인 그는 초등학교 2학년 때부터 야구를 시작했다. 야구 경기를 처음 봤을 때, "저렇게 작은 공을 어떻게 잡을 수 있을까"라고 놀랐고, 그런 공을 잡고 싶다는 생각을 했다고 한다. 그리고 그 즉시 고향 야구팀에 들어갔다. 그런데 초등학교 4학년 때 학원에서 공부하면서부터 공부가 재미있어져서 일단 야구를 그만두게 되었다고 한다. 다다 군은 수학에서 쓰이는 보조선(문제를 풀기 위해서 편의상 덧긋는 선) 발상을 좋아하게 되면서 보조선을 떠올렸을 때의 기쁨에 빠져들었고, 그 학업 기세를 몰아 가이세이중학교에 합격하게 되었단다. 다다 군도 역시 국어 과목을 힘들어했지만, 그 이유는 분명했다.

"산문은 알겠는데, 설명문은 어려워요."

"왜요?"

"국어 과목 문제 가운데 '필자가 말하고 싶은 것은 무엇인가?' 이런 게 있잖아요. 그런 문제가 이해가 잘 안 돼요. 정답을 보면 내가 생각한 것과는 차이가 많더라고요. 요약하는 것도 어렵고요."

"문장을 이해할 수는 있나요?"

"그럼요. 단지 '필자가 말하고 싶은 것'을 파악하기가 어려운 거예요."

그러니까 그런 문제가 좋은 문제라고 나는 생각했다. 필자가 말하고 싶은 게 거기에 쓰여 있지만, 어설프게 요약했다가는 종종 다른 것이 돼버린다. 다다 군은 깊이 있게 읽는, 그러니까 심층적으로 읽기가 안 된다고 한숨을 내쉰다. 하지만 요약을 할 수 없다는 것은 그 문장을 글로서 충분히 느끼고 있다는 것에 다름이 아닌 것이기도 하다.

"제 수비의 문제점은 허리를 먼저 낮추지 못하는 겁니다. 그래서 한 템포가 늦습니다."

그는 설명문의 문장을 읽듯이 말한다.

"뭔 말이에요?"

"그게 말입니다."

다다 군이 시원시원하게 말문을 열면서 내게 수비 동작을 보여주었다. 상체를 낮추지 않으면 배꼽 근처에 글로브가 온다. 근데 허리를 낮춰 상체를 숙이면 글로브는 가슴께에 온다.

"이게 다른 겁니다. 상체를 낮추지 않으면 공과 얼굴 사이는 멀어집니다. 그런데 몸을 낮추면 얼굴 근처에서 공을 잡게 되죠. 그러니까 허리를 낮추지 못한다는 것은 공을 무서워한다는 겁니다."

다다 군은 본인의 무의식적인 행동에 대해서 분석을 하고 있는 것이다.

"이렇게 몸을 낮추지 못하기 때문에 한 템포가 늦는 겁니다."

"확실히 문제네요."

"그렇죠."

"그럼, 어떻게 해야 합니까?"

"허리를 낮추어서 한 템포 빠르게 움직이는 겁니다."

"그렇게 하기 위해서는요?"

"한 발짝 먼저 움직여야 합니다. 타구가 오기 전에 한 발짝을 미리 내딛어야 합니다."

다다 군은 제 자리에서 스텝을 밟고 춤을 추듯이 제자리걸음을 했다. 그리고 그 상태에서 공을 기다린다. 바꿔 말해 미리 발을 내딛고 있는 것이다. 한 발짝에 집착하면 이미 늦게 되니까, 그 한 발짝을 미리 해버리는 게 해결책인 것이다.

"나머지는 기분 문제예요."

"뭔 문제요?"

"그게요, 공이 '왔다'고 생각하면 안 됩니다. '왔다'는 시점에서는 아무리 마음을 먹어도 이미 늦기 때문입니다. 그런데도 마음이 불안하면 '왔다'라고 생각하게 됩니다. 그런데 '왔다'가 아니라 '올 테면 와라.' 실제 컨디션이 좋을 때에는 '와라'라고 생각할 수 있습니다."

'왔다'라고 하면 이미 늦는 거지만, '와라'라고 하면 마음의 준비가 된 상태라는 것이다.

"그렇다면 컨디션이 나빠도 '올 테면 와라'라고 생각하면 안 되나요?"

"바로 그게 문젭니다. '와라, 와라'라고 해도, 내 마음속에 또 하나의 자아(自我)가 있어서, 그것이 '공이 오는 게 싫거든'이라고 하는 거예요. 그리고 공이 오면 역시 '왔다'고 생각하고 마는 겁니다."

"그런 사정이 있었군요."

다다 군은 자신의 주먹을 불끈 쥐면서 말했다.

"그래도 저는 '올 테면 와라'라고 하고 싶습니다."

듣자니, 다다 군이 야구부에 들어온 것은 '스스로 바뀐다'고 생각했기 때문이었단다.

"어떻게 바뀐다는 거죠?"

"한마디로 말하면, 성실하게 되는 겁니다. 중학교 때 소속되어 있던 연식야구부는 느슨했거든요. 애들 장난하는 것 같기도 했고요. 그때에는 매일 수업이 끝나면 친구들과 모여서 트럼프만 치고 그랬어요. 저는 조금은 타이트한 생활을 하고 싶었습니다. 그래서 제가 배운 게 이 '올 테면 와라'라는 생각이었습니다. 평상시 생활에서도 '올 테면 와라.' 이렇게 생각하는 게 이득이라고 생각합니다.

"이득이요?"

"어차피 해야 할 거잖아요. 스스로에게 '할 거야! 난 하고 만다!'라고 생각하는 게 이득이라는 겁니다."

"그건 그렇죠."

득실은 별로 없겠지만, 다다 군이 말하는 '득(得)'은 '덕(德)'과 통하는 것일까.

"저는 중학교 입시 이후로, 공부가 좀 된다고 해서 '내가 머리가 좋다'고 생각하거나, 남들을 얕잡아보는 것은 좋은 게 아니라는 생각을 계속 해왔습니다. 그런 것보다는 스스로 실력이 향상된다거나, 좀 더 나아지려는 자세야말로 재산이라고 생각합니다."

다다 군의 가설은 야구를 넘어서 일상생활과 인생에까지 그 범위가 넓어지고 있었다.

"저는 공무원이 되어 나라를 바꾸고 싶습니다."

"뭘 바꿔요?"

"나라요. 나라를 변화시킬 때에 제가 무엇을 느끼고 있는지 알고 싶습니다. '해냈구나'라는 느낌. 그것을 곰곰이 음미할 때의 제 자신을 알고 싶습니다."

대화가 어째 점점 붕 뜨고 커지는 것 같아서, 나는 일단 야구로 그 범위를 좁혔다. 그 기분을 다다 군이 지금은 야구로 제한해주길 바랄 뿐이다.

"고시엔에는 가고 싶습니까?"

내 질문에 그는 쓴웃음을 지었다.

"솔직히 말하면, 고시엔에 가고 싶다는 생각은 없습니다. 그것보다는 내 자신의 수준을 계속해서 향상시키고 싶습니다."

"야구가 아니고요?"

"실력이 우수한 선수들은 고향에서부터 엄청난 노력을 하고 있습니다. 그런 대회를 두고서 저 같은 사람이 '고시엔을 목표로 한다'고 입에

올리기가 미안하죠."

"미안이요?"

"예. 그런 희망 사항은 그들과 수준을 비슷하게 만들고 난 뒤에야 비로소 할 수 있는 것 아닌가요."

"아, 그렇군요."

"하지만, 그렇더라도 굳이 고시엔을 거부하는 것까지는 아닙니다. 무엇이든 자연스러운 것이 좋다고 생각합니다. 야구를 통한 우리의 실험과 연구의 노력이 어떤 결실을 맺게 된다면, 그건 매우 행복하고 감사한 일이지요. 그 결실이 고시엔 출전으로 나타난다면 두말할 나위 없이 최선을 다해서 임할 것입니다. 저를 비롯한 대부분의 가이세이고 야구부원들이 그렇게 생각하지 않을까 싶네요."

자신들과 같이 운동에 열중하지 못하는 선수들이 고시엔을 목표로 생각하는 것 자체가, 실력이 우수한 팀에게 미안한 마음이 든다는 것이다. 그는 매우 사려 깊은 생각을 할 줄 아는, 어른스러운 십대였다. 다다 군이 정말로 공무원이 될지 안 될지는 두고 봐야 하겠지만, 그는 세상의 부조리한 면에 가슴 아파하는 가슴 따뜻한 어른이 될 것임에 틀림없어 보인다. 그리고 다다 군 같은 양심을 지닌 어른들이 많아진다면 세상은 분명 좋은 쪽으로 변할 것이다.

재미있는 것은, 그들과 대화를 나누다 보면 야구를 통해서 인생사와 세상사에 대한 생각까지 하게 된다는 점이다. 나는 그 자체가 너무 좋다. 그들은 비록 어리지만 때때로 내게 어떤 가르침을 주는 스승이 되

곤 한다.

그리고 다시 야구 얘기로 돌아와서……. 어쨌거나 가이세이고 새 팀원들의 '실험과 연구'는 시작됐다. 나는 흐뭇한 마음으로 운동장 한 귀퉁이에 앉아 그들의 생각과 말과 행동을 찬찬히 관찰해 보기로 했다.

'자부심'이라는
필요충분조건

가이세이고는 중간고사와 기말고사 기간 사이에는 모든 동아리 활동을 하지 못하게 하고 있다. 시험기간은 약 1주일 정도인데, 시험 전 1주일도 시험기간이라고 할 수 있다. 따라서 모두 합해서 2주 동안에는 모든 동아리가 활동을 하지 못한다. 야구부는 매주 한 차례만 운동장을 사용할 수 있기 때문에, 시험기간이 시작되는 요일에 따라서는 길게는 한 달가량을 운동장에서 훈련을 하지 못하게 될 수도 있다. 예전부터 가이세이고 야구부의 연습량이 적은 것은 익히 알고 있었지만, 실제로 취재를 한 달 정도 하지 못하게 되면 나도 막상 그때까지의 일들을 모두 잊게 될지도 모를 일이다.

집중력 플러스 시야

시험이 끝나는 토요일 오후. 나는 일찌감치 가이세이고의 운동장을 방문했다. 운동복을 입은 선수들이 느긋하게 운동장을 정비하고 있다.

거의 한 달 만에 하는 연습이라서 그들도 의욕이 넘칠까라고 생각하면 꼭 그런 건만도 아니다. 몸이 풀리지도 않아 움직임이 둔해 보이기까지 한다. 하지만 그전부터 이미 둔했기 때문에 그것도 그다지 변하지 않은 것 같다. 선수들은 무척이나 자연스럽게 훈련량이 적은 것을 받아들이고 있는 것이다.

"안녕하십니까."

주장인 후지타 토모야 군(2학년)이 내게 인사를 했다. 투수인 사에키 켄타로 군(2학년)도 모자를 벗고 머리를 숙이며 "안녕하세요"라고 인사를 한다. 오랜만이라서 나도 웃는 얼굴로 인사말을 건넸다. "네, 안녕하세요. 컨디션은 좀 어때요?" 인사를 나눈 것은 이 두 사람만으로, 그 밖의 선수들은 왠지 내 앞을 그저 말없이 지나갔다.

혹시 선수들이 나를 잊었나 싶어, 그들 옆에서 "안녕들하세요"라고 내가 인사말을 건네도 선수들은 대답이 없다. 이유가 궁금해진 내가 그들의 정면에 서서 새삼스럽게 "안녕하세요"라고 다시 인사말을 건넸다. 그제야 선수들이 깜짝 놀란 얼굴을 하고서는, "아, 예. 안녕하세요"라고 대답한다.

그럼 그렇지. 나는 속으로 그렇게 생각했다. 전부터 신경이 쓰인 것이 있었는데, 가이세이고 선수들은 본인의 눈앞만 보고 있는 것이다. 한마디로 시야가 좁은 것이다.

시합을 하면서도 그들은 공만 보고 있다. 수비수는 공만 쳐다보는데, 공중에 뜬 공도 그 자리에서 쳐다만 본다. 그렇게 몸과 시선이 경직되

어 있으니까 당연히 평범한 플라이 공도 잡지 못한다. 상황이 이러하니 다른 수비수나 상대팀 주자의 움직임까지에는 도저히 생각이 미치질 않는 것이다. 공격할 때 타석에 들어서도 공만 보고 있기 때문에 마치 공에 빨려 들어가기라도 하듯이 자세가 앞쪽으로 쏠린다. 스윙이 제대로 될 리가 없다.

지난 번 무사시고와의 연습 경기에서 아오키 감독이 치고달리기 사인을 냈는데, 타석의 타자와 누상에 출루해 있던 주자 모두 공에만 신경을 뺏겨 감독의 사인은 보지도 못했다(가이세이 벤치에서 사인을 내는 일은 퍽 드문 경우다). 아오키 감독이 몸의 이곳저곳을 만지면서 사인을 내보내면서, "사인을 보란 말이다! 사인을. 사인 안 보이나!"라고 소릴 지른다. 상대팀도 알아들을 것 같은 고함소리다.

그러고 보니 연습 중에 타구가 내 쪽으로 날아 오는데도 미리 "위험해요!"라고 소릴 지르지 않고 공이 내 앞에 떨어진 것을 보고서야, "어, 어, 어!"라며 놀라는 것이었다. "다카하시 씨가 있는 곳으로 공이 날아간다"가 아니라, "공을 보고 있는데 다카하시 씨가 거기 있었네"라는 식으로 상황을 인식하는 것이다. 좋게 말하면 가이세이고 선수들에게는 집중력이 있다. 그러나 그 집중력이 지나쳐서 시야가 좁아지고 주의력을 잃는 것이다.

시야를 넓혀야 한다. 이게 가이세이고 야구부의 과제가 아닐까. 내 앞의 공을 보면서 그라운드 전체도 봐야 한다. 시야를 최대한 넓히고난 뒤에 스스로의 역할을 생각해야만 하는 것이다.

"테스트 준비!"

아오키 감독이 소리를 지르자, 선수들이 4조로 나누어 1조씩 타석에 들어섰다.

친 공이 얼마나 멀리 날아가는지를 점검하는 타격 테스트다. 감독에 따르면, 지금 가이세이고의 가장 큰 문제는 "스윙에 힘이 부족하다"는 것이다. 즉, 타격의 세기를 개선하기 위해 먼저 테스트를 통해서 선수들 사이에 순위를 매기고, 그에 따라서 "지금 필요하다고 생각되는 훈련을 하는 것"이다.

투수가 치기 좋게 공을 타자마다 세 개씩 던지면, 타자가 이것을 치는 것이다. 이런 타격을 3회 실시하는데 공이 날아간 비거리를 점수로 만들어 타율을 계산한다. 그것을 점수화하는 방법은 꽤 복잡하다. 아오키 감독이 독자적으로 마련한 "안타 규정"을 살펴보면 다음과 같다.

중견수 방향으로 뻗는 타구는, "원바운드로 그물이나 펜스 등을 맞히면" 1안타, "그물이나 펜스를 직접 맞히거나, 운동장 바깥쪽에 있는 동아리방의 기둥을 맞히면" 2안타이다. 또한 "선수실 앞의 보호망을 직접 맞히면" 1안타이다.

좌익수 방향으로 뻗는 타구는, 가이세이고 운동장 근처에 있는 학원 건물의 옥상 높이 이상으로 뻗을 경우에, 오른손 타자라면 1안타이고 왼손 타자라면 2안타이다. 그 이하일 경우에는, 오른손 타자는 0.5안타이고 왼손 타자라면 1안타이다.

우익수 방향으로 뻗는 타구는, 보호망이 걸린 "위로부터 두 번째 까지 이상"으로 뻗으면, 오른손 타자는 2안타이고 왼손 타자는 1안타이다. 그 이하일 경우에는 오른손 타자는 1안타이고 왼손 타자는 0.5안타이다.

이 모든 게, 가이세이고의 운동장이 전용 야구장이기는커녕 그 모양이 좌우대칭도 아니기 때문에 비롯된 것이다. 따라서 중견수 방향, 좌익수 방향, 우익수 방향 등을 각각 분명하게 구분할 필요가 있는 것이다. 예를 들어, 좌익수 방향은 "좌중간 그물이 끊긴 부분부터 특별활동실 기둥 왼쪽 끝까지"로 정한 것이다. 때에 따라서 선수들로부터는 "우익수 앞쪽 불펜 정도까지 날아가면 몇 점인가요?"라는, 경계선과 관련해서 미묘한 부분을 지적하는 질문이 나오기도 했는데, 나는 그에 대한 설명을 들어도 도무지 헷갈렸다.

어쨌든 선수들은 훈련할 때마다 이 테스트(3구×3회)를 했다. 최근 세 차례의 테스트에서 타율이 4할이 넘으면 주전군으로 등록된다. 그리고 2할 이상이면 후보군, 그 미만일 경우에는 훈련요망군으로 분류된다. 그리고 1군 등록이 10회 연속일 경우에는 명예의 전당에 이름을 올리는 식으로 인정하는 분위기다.

"공 하나하나에 승부를 건다!"

선수들에게 이런 근성 있는 의식을 지니게 하기 위해 실시하는 테스트이기도 하지만 왠지 실속이 없어 보였다. 물론 투수가 제구를 잘하지 못하는 탓도 있다. 하지만 타자들이 너무나 치기 힘들어 하는 것이다. 그들의 상체는 마치 물속에서 헤엄을 치듯이 허우적대는 것처럼 비치는 것이다.

선수들은 아오키 감독으로부터 매사에 승부욕이 부족하다는 지적을 받고는 의욕을 보이려고 앞쪽으로 몸을 내밀지만 기우뚱하게 되고, 공과는 멀어진 상태에서 헛스윙만 연신 해대는 것이다. 공이 배트에 제대로 맞으면 나는, "땅"하는 경쾌한 소리는 전혀 들을 수 없다. 그와는 정반대로 타구가 투수 앞에 쳐진 그물을 맞힐 때 나는, "픽"하는 소리만이 들릴 뿐이다.

"보고해!"

아오키 감독이 소릴 질렀다. 선수들이 열을 지어 저마다의 결과를 보고한다.

"오지마, 0입니다."

"다다, 0입니다."

"사에키, 0입니다."

"시부야, 0입니다."

"이케다, 0입니다."

"후루카와, 0입니다."

······.

가와하라다 나오키 군(2학년)이 안타규정을 다시 읽고서는, "아, 아, 1입니다"라고 말한다. 주장인 후지타 군과 하야시 군(2학년), 야기 쇼타

로 군(2학년)을 제외한 선수들의 기록은 0이다. 아오키 감독이 수첩에 선수들의 기록을 0으로 적는다. 감독이 펜을 들고는 잠깐 동안 그 자세로 가만히 있다.

"연습할 가치도 없다. 연습은 이것으로 끝이다."

아오키 감독은 고개를 숙이면서 중얼거렸다.

"어떻게 된 게, 주전군이 한 명도 없냐고, 한 명도."

확실히 지금은 거의 모든 선수가 후보군 아니면 훈련요망군으로 분류되어, 한데 모이는 수준이다.

"이 수준으로는 초등학교 아이들과 시합을 해도 상대편의 공을 칠 수 없다!"

아오키 감독의 한마디에 선수 전원이 침묵한다. 찬찬히 살펴보니, 선수들의 시선은 감독을 향하고 있다. 하지만 아니나 다를까 그들은 저마다 허공에 초점을 두고 있다. 감독의 말을 듣는다기보다는 저마다 명상을 하고 있는 모습처럼 비쳐진다고나 할까.

"그런 자세로는 공을 제대로 칠 수가 없다. 공과는 무관하게 그저 배트를 흔들고 있는 것으로밖에 생각되지 않는다. 게다가 수준이 너무 낮아서 그에 맞는 훈련법도 찾을 수가 없다!"

아오키 감독은 잠시 생각에 잠겼다. 타격 테스트가 과연 쓸모가 없단 말인가. 침묵이 길어졌다. 한 달 만에 하는 귀중한 연습 시간이 이렇게 지나가고 있다. 감독과 선수들 사이에 정확하게 끼인 듯이 앉아 있는 나는 무슨 말을 해야 좋을지 몰랐다. 아무런 말도 떠오르지 않았다. 나 역시 선수들처럼 허공만을 바라보았다. 이러고 있으니까, 마음이 편안해지는 것 같다. 그리고 시야도 저절로 한 곳으로 모아지는 듯한 느낌이 든다.

결국 그 날은, 안타를 쳤던 선수들은 지금까지 하던 대로 평상시의 스윙 연습을 했다. 그리고 기록이 0인 선수들은 운동장 주변에 심어져 있는 커다란 나무를 플라스틱 배트로 치는 훈련을 했다. 배트로 공을 맞히는 게 아니라 체중을 이동시켜 치는 훈련이었다. 오른손 타자의 경우에는 오른쪽 다리에 체중을 실은 후에 왼쪽 다리로 체중을 옮기면서 단번에 스윙을 한다. 몸이 열리기 때문에 배트를 휘두르는 게 아니라, 열림과 동시에 배트를 돌리는 것이다. 아오키 감독이 계속해서 고함을 친다.

"몸을 과감하게 움직여, 몸을!"

나무를 치는 훈련 다음에는 축구공을 놓고서 T배팅을 한다. 한 선수가 공 받침대에 축구공을 올려놓으면, 과감하게 풀스윙을 해서 공을 치는 것이다. 과연 이렇게 하니 헛스윙을 하는 선수들이 없었다. 가이세이고 운동장에는 공사현장에서 들을 수 있는, 빵빵 대는 커다란 소리가 울려 퍼지는 것이었다.

저마다 굵은 땀을 흘리며 타격 연습에 몰입했다. 가이세이고 야구선수들은 공부 못지않게 야구에서도 몰입도가 매우 높은 편이다. 다만, 몰입하기까지 어느 정도 시간을 필요로 하는 것 같다. 턱없이 부족한 연습 시간만으로도 그나마 이만큼 야구팀을 꾸려가고 있는 것은 그들만의 남다른 몰입도, 즉 집중력 때문이 아닐까 하는 생각이 들었다. 그런데 가이세이고 선수답지 않는 부족한 집중력으로 감독으로부터 자주 핀잔을 듣는 선수가 눈에 들어왔다.

안달하는 에너지

배트로 공을 맞히지 못한다는 점에서 유난히 눈에 띄는 선수는 시부야 모토키 군(1학년)이었다. 타석에 들어선 그를 보면 '망설인다'는 분위기를 느낄 수 있다. 이번 공을 쳐야 하나, 말아야 하나. 이미 홈베이스 위까지 배트가 돌아나가 있지만, 거기서도 계속해서 망설이고 있는 것이다. 같은 헛스윙이라고 해도 그가 보이는 자세는 TV모니터에서 나오는 슬로모션 동작을 떠올리게 한다.

"사실 저는 아직 단 한 번도 온몸을 실어 제대로 과감하게 스윙을 한 적이 없습니다."

그가 양손으로 얼굴을 감싸면서 말을 잇는다.

"요즘에 들어서는 공도 제대로 볼 수 없습니다."

그리고는 몸을 구부렸다.

"연습은 해요?"

적어도 스윙만이라도 과감하게 해봐야 하는데 말이다.

"아니요. 피칭머신이라면 아직까지는 괜찮아요. 그런데 투수가 공을 던지면 안 돼요. 예를 들어서, 직구가 오면 치겠다고 생각하는데, 커브

볼이 들어오면 공을 피하게 돼요. 공을 치려고 피하는 게 아니라 그냥 피하게 되는 거예요."

시부야 군은 공에 몸이 맞는 것도 아닌데도 과민반응을 보이는 것이다.

"그래서 그 다음에 한가운데로 직구가 들어오면 배트가 안 나가는 거예요. 왜 그런지 잘 모르겠는데요, 진짜로 안 되더라고요."

그렇게 되면 투수에게 농락을 당하는 것이나 다를 바 없는 것이다.

"어쨌거나 한 번이라도 마음껏 스윙을 해봐야 할 텐데요."

내가 조언이랍시고 말을 이었다.

시부야 군이 대답했다.

"맞습니다. 그런데 타석에 들어서면 마음이 안정이 안 됩니다. 뭐랄까 자신감을 잃어버리는 거예요. 공을 치는 게 아니라 그저 과감하게 휘두르겠다고만 생각하는데도, 자신감을 잃고서 제 자신을 컨트롤하지 못하는 거예요. 그게 습관이 안 돼 있어서요. 꾸준히 연습하면 언젠가는 몸에 배게 할 수 있을지 모르겠지만, 어쨌거나 지금 당장은 힘이 안 붙습니다. 그렇다고 대단해질 것도 아니지만요."

그는 준비된 말인 듯 길게 말을 늘어놓고는 마지막에 가서는 스스로 그것을 거부한다.

"생각이 너무 많은 거 아닌가요?"

"아닙니다. 저는 용량이 오버한 상태입니다. 당황해서 그런지 최소한의 것밖에 생각을 못하겠습니다. 예를 들어, 투아웃에서 3루에 주자가

있는 상황이라면, 그럴 때에는 사실 번트 확률과 홈스틸 성공 확률을 비교해서 높은 쪽을 택해야 하는데, 저는 아무 생각이 나지 않는 거예요. 도무지 생각나는 게 없더라고요."

이렇게 말하고는 시부야 군은 크게 한숨을 내쉬었다. 그는 생각하지 않아도 될 것을 벌써부터 생각하려는 데에서 막혀버린 건가. 확률을 비교하면 확률이 낮은 상황이 나올 수 있다. 아오키 감독이 말한 확률도 어디까지 선수들의 투지를 제고시키려고 하는 것인데, 그 자리에서 정말로 확률을 따지고 그에 근거해서 생각을 한다면, 타격 타이밍을 놓치게 될 게 뻔하다.

"하지만 그렇게 당황하는 자아도 있지만 그와는 별도로 어쨌든 냉정한 자아도 있습니다."

"그래요?"

"그럼요. 있습니다."

시부야 군은 허공을 바라봤다.

"그럼, 그 냉정한 자아가 스윙을 하면 되겠네요. 안 그래요?"

"근데 그게 잘 안 되더라고요."

시부야 군이 곧바로 대답했다.

"왜요?"

"에너지가 당황한다고나 할까요. 그 기운이 세거든요. 근데 그거 역시 나약한 정신에서 비롯하죠. 그러니까 한마디로 제가 겁이 많은 거죠."

타격이 부진한 이유를 열거하는 시부야 군의 말은, 내게는 본인의 타격 부진에 대한 상황을 보충설명하려는 소리로 들렸다.

"공부 쪽은 어때요?"

내가 갑자기 화제를 바꿨다. 그러자 그의 얼굴에 미소가 번졌다.

"공부는 실전에 강합니다."

시부야 군이 딱 잘라 말한다. 가이세이중학교 연식야구부 출신인 그는 동기들로부터의 신망이 두텁다. 시부야 군을 좇아서 가이세이고 야구부에 들어온 단원들이 있을 정도다.

"공부하지 않아도 시험 볼 때에는 머리가 맑아집니다. 왠지 문제가 술술 풀릴 것 같은 기분이 들고요."

"그런 생각으로 야구를 하면 안 되나요?"

요컨대 마음의 문제라는 것이다.

"근데요, 저는 공부를 하지 않습니다."

"뭘 안 해요?"

"공부가 싫어요. 진짜로요."

"왜요?"

"중학교 입시 때 공부를 너무 많이 해서 공부가 싫어졌어요. 중학교와 고등학교 내내, 공부하지 않아도 어떻게든 됐기 때문에, 저는 위기감이라는 것도 없습니다. 그래서 그런지 공부를 하고 싶지 않습니다. 하기 싫은데, 아니지, 하고는 싶은데, 그냥 그만두면 안 되나. 뭐 이런 생각도 하고요. 몸도 거부반응을 보여요. 지하철을 타고 가다가, '아 내일이 시험인가'라고 생각하려고 해도, 집에 돌아오면 그런 마음이 싹 사라져요. 정말이지 저는 의지가 약한 거 같습니다."

"장래 희망은 뭐예요?"

"아직은 아무 생각 없어요. 문과라든가 이과라든가, 아무것도 생각하지 않고 있습니다. 그리고요……."

대화가 또 약한 의지로 귀결될 것 같아서 내가 다시 화제를 바꿨다.

"수비 쪽 포지션은요?"

"수비 위치가 어디냐고요?"

시부야 군이 나를 본다.

"뭐라도 하고 싶은 게 없나요?"

"제 경우에는요. 하고 싶다거나 하기 싫다거나 하는 문제가 아니고요. 어쨌든 시합에 나가기만 하면 좋겠습니다."

"시합이라."

"예. 야구는 경기에 출전만 해도 좋으니까요."

시부야 군이 해맑은 목소리로 답했다. 덧붙여서, 그는 친구들과 밴드를 결성해서, 〈LUNA SEA〉(1990년대 일본에서 활동한 록 밴드-옮긴이), 〈X JAPAN〉(1982년 일본에서 결성된 록 밴드로서, 결성 당시 밴드 이름은 X였는데, 같은 이름의 미국 밴드가 있었기 때문에 1992년 X JAPAN으로 밴드 이름을 바꾸었다. 1987년 해체의 위기를 맞고, 2007년 재결성되기도 했다-옮긴이) 등의 곡들을 연주하거나, 교내 음악부에서 플루트를 불고 있다. "좋아하는 것을 원하는 만큼 한다"는 생각을 모토로 삼고 있다. 그렇다면 야구도 좋아한다면 그렇게 하면 되는 것 아닌가.

"맞습니다. 그렇습니다."

시부야 군이 내 생각을 듣고 크게 동의를 표했다. 가이세이고 선수들은 좋아서 야구를 하고 있다. 그러나 결과가 좋지 않고, 감독이 입 밖으로 쉴 새 없이 내보내는 부정적인 표현들을 선수들이 진심으로 받아들인 나머지, 그 표현 그대로 선수들의 몸을 옴짝달싹 못하게 만들고 있는 건 아닐까. 좋아해서 시작한 것을 떠올린다. 좋아한 것을 말하는 사이에 왠지 활로를 찾을 수 있을 것만 같은 생각이 든다.

좋아하는 것과 잘 하는 것

투수를 지망하는 어느 1학년생은 화학 과목을 좋아한다고 했다. 야구를 할 때에, 시부야 군처럼 "시합할 때면 몸이 앞으로 쏠려서 상체가 자리를 못 잡게 된다"고 해명하고, "긴장한 건 아니지만, 몸이 초조해지는 것과 비슷한 상태가 됩니다. 초조하면 안 되는데 말이죠. 어깨에 힘이 잔뜩 들어간다, 라는 말도 들어서 힘을 빼려고 하는데, 그게 잘 안 돼요"라면서 전혀 해법을 찾지 못하고 있단다. 그런데 화학을 얘기하니 단번에 분위기가 밝아졌다.

"화학에서 뭐가 좋아요?"

"원소요."

"뭔 소요?"

"아주 조그마한 세계에서 각각의 물질마다 성질에 차이가 있는 게 재

미있습니다. 세밀하고 빈틈없이 분류되어 있는 주기율표는 진짜 좋아해요."

"좋아하는 원소라도 있나요?"

"니켈요."

"왜요?"

"니켈은 구리와 비슷하지만 성질은 구리와 달라요. 악마 같은 존재라고나 할까요. 니켈이라는 이름의 유래가 본래 '악마'(독일어, Kupfernickel, '악마의 구리'라는 뜻이다-옮긴이)에서 왔거든요."

그는 '뭔가를 만드는 것'을 좋아해서, 필통 속에 펜치나 드라이버, 커터 등의 연장을 항상 챙겨 가지고 다닌다.

"그걸로 뭐하게요?"

"문고리가 휘어 있으면 곧게 펴기도 하고. 친구들이 쓴 안경의 나사가 느슨해져 있으면 그걸 조여주기도 해요. 저는 역시 빈틈없이 딱 맞는 게 좋습니다."

"음, 그렇군요. 딱 맞기까지 기다리면 되겠는걸요."

내 입에서 무심결에 탄성이 흘러나왔다. 딱 맞는 게 좋다면, 체중을 중심축에 실어서 공을 제때가 될 때까지 기다리면 된다. 그러면 타격 부진이라는 문제도 해결될 게 아닌가?

"근데 제가 작은 거에는 구애받지 않는 성격이라서요."

"그게 나쁜가요?"

내가 힘주어 말했다. 정확한 타이밍을 기다렸다가 대범하게 배트를 휘두른다. 그야말로 가이세이고의 이상적인 스윙인 것이다. 제대로 이해가 됐는지는 모르겠지만 그는 조용히 미소를 지었다. 여하튼 좋아하는 것으로 얘기를 전환하면 새로운 이미지가 잡힐 것 같은 기분이 든다.

"저는 항상 '곁눈질'을 하는 이미지 훈련을 하고 있습니다."

이 말을 한 학생은 183센티미터의 키와 몸무게 80킬로그램인 호시카와 요지로 군(1학년)이었다. 외관상으로는 강타자의 체격 조건을 갖춘 학생이다. 그러나 그도 타격을 할 때에 불안해지는지 몸이 일찍 열리고 배트의 헤드가 제때에 나오지 않는다. 그래서 그가 생각해낸 것이 "곁눈질하기"였다. 타격 자세를 잡으면서 한쪽으로는 투수가 있는 쪽을 곁눈질하는 것처럼 보는 것이다. 투수 쪽을 곁눈으로 살피는 사이에도 몸은 열리지 않은 채로, 몸의 중심을 중심축에 둔다. 그리고 "곁눈, 곁눈, 곁눈"이라고 주문이라도 외우면서 공이 오면 충분히 몸 쪽에 붙이는 것이다.

"실제로 효과가 있나요?"

내 물음에 호시카와 군이 수줍어한다.

"효과는 분명히 있을 것 같은데 그게 아직 준비가 안 됐는지 공을 치지는 못하겠더라고요."

곁눈이야, 곁눈이라고 아무리 주문을 외운다 해도 공이 가까이 오면 본인도 모르게 배트를 휘두르고 만다는 것이다. 요컨대, 곁눈으로 살피지도 못하고, 그저 계속해서 곁눈질만 하는 것이었다.

"그래도 이미지로서는 약간은……."

‘곁눈으로 살핀다’라면 이미지화하기가 쉽지만, ‘곁눈으로 계속해서 응시한다’라는 문장은 그보다 길어서라도 이미지화하기가 어려울 것만 같다.

“곁눈으로 살피게 되면, 그 다음은요?”

“그게요.”

그리고는 호시카와 군이 고개를 숙였다.

“일상생활에서도 곁눈으로 보나요?”

“아니요.”

그는 딱 잘라 말했다.

“항상 정면으로 봅니까?”

“그럼요, 당연하죠.”

동의를 구하는 말투였기에, 나는 내 고등학교 학창시절을 떠올리며 이렇게 중얼거렸다. “아닐 걸요.” 예를 들면 여자가 바로 그렇다. 좋아하는 여자를 볼 때면, 처음에는 곁눈으로 보게 된다. 쑥스러워서 정면으로 쳐다보질 못하게 되기 때문에, 항상 눈꼬리로 티 나지 않게 그 여자의 움직임을 좇는 것이다.

“정말 그러네요.”

호소카와 군이 미소를 보인다.

그녀가 시야에서 멀어질 때까지 눈이 빠져라, ‘곁눈질’을 한다. 그것을 이미지로 하면 좋을 텐데.

“그런 여학생, 없어요?”

"어, 어, 어, 없습니다."

호소카와 군은 초등학교 2학년 때부터 중학교 1학년 때까지 아버지의 해외법인 발령으로 미국에서 생활했다. 그곳에서 지역 야구팀에 들어가 처음으로 야구를 시작했다고 한다. 미국의 야구에서는 보내기번트 등의 세세한 작전을 구사하지 않고, 오로지 풀 스윙을 하는 플레이를 한다. 가이세이고도 그와 다르지 않다. 호시카와는 미국에서 귀국한 뒤 사이타마 현의 공립 중학교로 편입했고, 그곳에서 가이세이고로 진학했다. 고등학교에 들어와서 야구를 다시 하게 되었다. 그런데 가이세이고는 남녀공학이 아니다.

"역시 여학생이 없으니 어렵겠네요. 지금에 와서는 여학생과 대화하는 것의 중요성을 느끼고 있습니다. 당연하다고 생각했던 게 당연하지 않은 상황에 있게 된 거예요. 어쩌다 지하철역에서 남녀가 함께 있는 모습을 보면 왠지 기분이 쓸쓸해지기도 합니다."

그건 어쩔 수 없는 거 아니냐며, 우리 두 사람은 동시에 한숨을 내쉬었다. 이미지가 시들 것 같아서 수비는 뭐를 맡고 싶으냐고 야구로 화제를 돌렸다. 호시카와 군이 밝게 웃으며 대답했다.

"제1지망은 1루수입니다."

"무슨 이유라도?"

"던질 기회가 가장 적거든요."

"그건 던지고 싶지 않다는 건데요."

"저는 던지는 걸 너무 못해요. 컨트롤이 꽝이에요. 하지만 제2지망은

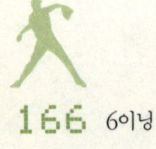

투수입니다."

"뭔 수요?"

"투수요. 저도 조금은 이상하다고 생각합니다."

"왜죠?"

"키가 크니까 던질 수 있지 않을까 생각합니다. 체격이 크니까 그 조건을 잘 살리면 좋지 않을까 싶어서요."

"그럼요. 좋다마다요."

"근데 저는 덩치만 컸지 근육은 없는 편이에요. 큰 체격인데 힘이 없으면 안쓰럽기 때문에 지금은 근육 훈련도 하고 있습니다. 덩치가 크니까 남들은 제가 잘 칠 것 같다고들 생각하는데, 그러질 못하는 게 좀 분하기도 하고요."

호시카와 군은 하루도 빠짐없이 가이세이 고등학교와 중학교 사이에 있는 절 근처의 언덕을 뛰고 있다. 하루에 20회를 왕복하는데, 하체를 강화하는 훈련이다.

"호시카와 군은 반드시 나가에 선배 같은 강타자가 될 겁니다."

내가 응원해주자 그가 답했다.

"근데 저는 살갗이 희어서요."

"흰 게 어때서요. 좋잖아요."

나는 그를 곁눈으로 보면서 웃음을 터트리고 말았다. 생각해보면, 호소카와 군과 내가 벤치에 나란히 앉아서 대화를 하고 있었기 때문에, 우리 두 사람은 처음부터 서로를 곁눈질하고 있었던 것이다.

보는 쪽의 논리

도내의 구립 중학교에서 가이세이고로 입학한 요시노 테츠오 군(1학년)은 네 살 무렵 요미우리 자이언츠의 팬이 되었다고 한다. 프로야구가 좋다면 그것이 그대로 대화의 실마리가 될 터인데, 요시노 군이 하는 말에는 온갖 사정이 가득했다.

"야구는 쭉 좋아했지만 무슨 생각에서였는지, 중학교 때에는 농구부에 들어갔습니다. 그런데 농구부 입회 신청서를 내고 난 후에 손가락을 삐고 말았습니다. 그래서 농구부 활동은 할 수 없게 되었다고 아버지께 말씀드리면서 동아리 활동에 대해서 조언을 구했습니다. 그 때에는 피아노도 치고 있었어요. 그런 것을 모두 감안한 결과, 마지막으로 선택한 게 모든 운동의 기초가 되는 육상이었어요. 그래서 육상부에 들어갔습니다."

빠르게 말을 하는 요시노 군이다. 너무 빨라서 받아 적기도 힘이 든다.

"가이세이고에 진학한 특별한 이유라도 있나요?"

"중학교에 들어가면 모두가 모의고사나 그밖에 다른 시험들도 보게 되잖아요. 근데 저도 시험을 보면 의외로 성적이 좋게 나오더라고요. 가이세이고는 많이 알려진 학교이고, 사람들이 '좋은 학교'라고 하지 않나요. 하지만 저는 학력주의를 믿거나, '가이세이고가 아니면 안 된다'고 생각하지도 않았습니다. 갈 수 있을까 하는 막연한 생각으로 시험을 본 거예요. 사실은 와세다고가 좋거든요. 왜냐하면 하코네 역전

마라톤(도쿄에서 해마다 1월에 열리는 대회로, 일본의 대표적인 겨울 스포츠 이벤트 가운데 하나–옮긴이)을 좋아하고 와세다고를 응원해서 와세다에 가고 싶었는데, 수험날짜가 같았던 겁니다. 원래 저는 노력형도 아니고 아버지께서도 그런 제 성향을 잘 알고 계시거든요. 그래서 제가 입시 목표를 낮게 잡으면 그보다 더 낮은 학교에 갈 것 같아서 목표를 아예 높게 잡아서 아버지께 말씀드린 겁니다. 아버지께서도 알겠다고 하셨어요. 그렇게 해서 가이세이고를 응시했고 운이 좋게 합격해서 입학하게 된 겁니다."

지나치게 정확을 기하려는지 요시노 군의 말은 장황할 정도로 길었다. 뭐 때문이라는 이유는 없고, 가능한 한 어느 한쪽에 치우치지 않으면서 말을 하는 인상을 강하게 풍기는 학생이다.

"야구는 고등학교에 들어와 시작하게 된 건가요?"

"팀에 들어간 건 그게 처음이었습니다. 그때까지는 공원에서 혼자서 벽에 공을 던지며 놀았거든요. 중학교 3학년 무렵 모두가 고교 입시에 열중할 때에도 저는 '조금만 하고 올게요'라고 말하고 공원으로 가 벽에 공을 던지곤 했습니다. 팔꿈치에 무리가 가지 않을 정도로만요. 기분 전환도 되더라고요. 그때부터 고등학교에 진학하면 야구를 해야겠다는 마음을 확실하게 가지게 되었습니다."

요컨대, 그는 만반의 준비를 하고서 야구부에 들어온 것처럼 보인다.

"그렇군요. 야구에서 본인이 해결해야 할 과제는 뭔가요?"

"던지고 받는 것 모두 완벽하지 않습니다. 야구에 관해서라면, 지금 저는 자신 있게 '이쯤이면 완벽'하다고 말할 수 있을 정도가 아닙니다. 수비라는 것도 야구부에 들어와서 시작한 거라, 저는 기초부터 다져야 하거든요."

뭐랄까 메이저리그에 입단할 때의 일본 프로야구 스타인 스츠키 이치로의 말을 듣는 것만 같다. 나는 중간에 무슨 말을 해야 할지를 몰랐다.

"문제는 땅볼에 대처하는 자세입니다. 어떤 동작에서 공을 잡아서 던져야 하는데, 저는 그 동작에 대한 대응력이 없어서요."

"대응력이요?"

요시노 군의 말을 듣고 있자니, 내 머릿속이 지끈거리기 시작했다. 타구에 대한 대응이라는 것일지 모르겠지만, 그는 영어 단어 '어프로치 (approach)'에 상응하는 표현으로 그 말을 한 것 같은데, 타구보다는 야구 방법론에 의문을 가지고 있는 것인가.

"스윙에 대해서는요?"

"그것을 이렇게 하면 좋겠다, 같은 어떤 논리적인 생각은 아직 확립되어 있지는 않습니다. 뭐, 시행착오 단계랄까요. 지금은 감독님께서 말씀하시는 것을 참고로 하고 있습니다. 굉장히 도움이 됩니다. 경험이 없는 저로서는 더할 나위 없는 조언이기도 하고요. 어느 쪽이든 감각적인 것이니까요. 역시 동작이 조금씩 쌓이게 되면 할 수 있게 되지 않을까라고 생각하고 있습니다."

요시노 군은 야구를 시작한 지 아직 반년밖에 되지 않았다. 공을 치지 못해도, 말의 앞뒤가 논리적으로 딱 맞아떨어지게 되면 오히려 정말

로 치지 못하게 되지는 않을까, 라는 염려가 들기 시작했다.

"야구하니까 좋던가요?"

내가 심플하게 묻자, 그도 시원시원하게 답했다.

"예, 진짜 선수가 됐으니까요. 이제껏 야구선수가 아닌 외부인으로서 지켜봤는데요. 지금은 야구를 하기도 하고 지켜보기도 하면서, 양쪽에서 모두 야구를 즐기게 되었습니다. 새삼스럽지만, 프로야구 경기에서 외야수가 보여주는 기막힌 수비는 그렇게 간단하게 할 수 있는 게 아닙니다. 그것은 다년의 경험에 바탕을 둔 판단력에 따른 훈련에서 나온 겁니다. 덕분에 그때까지 보았던 야구를 본인의 동작과 함께 생각하면서 응원할 수 있게 됐습니다."

"그 반대되는 상황은 없나요?"

내가 무심코 질문을 던졌다. 응원하는 게 아니라 야구하는 당사자로서 외부자의 시점을 얻는 데 도움이 되진 않을까 해서였다.

"물론 있습니다. 내가 하는 플레이를 프로야구 선수들은 어떻게 할까. 여러 가지 생각을 하면서 가슴 두근거리며 야구를 볼 수 있게 된 것이지요."

역시 보는 쪽에서의 시선이다. 요시노 군이 설명을 하면서 배트를 휘두르려고 한다.

"고시엔에는 가고 싶나요?"

나의 갑작스런 질문에 그가 고개를 갸웃했다.

"고시엔은 고등학교 야구선수들에게는 성지와도 같은 곳입니다. 근데 저는 고시엔보다는 신궁 구장(정칙 명칭은 메이지 진구 야구장(明治神宮 野球場)으로서, 일본 도쿄 신주쿠에 위치해 있다. 1926년에 개장했으며, 도쿄6대학 연맹의 리그전이 개최되는 곳으로 유명하다—옮긴이) 쪽에 더 마음이 갑니다. 도쿄6대학 연맹 리그전의 성지이니까요. 물론 고시엔 대회 출전 문턱 에도 간 적이 없지만요."

"신궁 구장이라면 고시엔 동동경 예선 대회도 열리는 곳 아닌가요?"

"준결승전 말이죠?"

"아니요. 어떨 때에는 1차전도 열리지요. 그래도 좋지 않나요?"

"그렇게 말씀하시면, 거기서 져도 좋다는 것이 되잖습니까. 그렇다면 신궁 구장에 가더라도 그냥 간 것만으로 만족한다는 뜻이 되는데, 그건 아니라고 생각합니다."

"그럼, 역시 고시엔에 가고 싶다는 거네요."

"결과로서 고시엔에 출전하면 좋다고 생각하지만, 현실이 그렇게 쉽 지는 않으니까요. 어쨌거나 예선이 펼쳐지는 도쿄도 격전 지역이니까 말입니다."

가이세이고 선수들은 아직 벌어지지도 않은 일을 앞서서 생각한다. 야구도 이렇게 하면 좋겠지만, 논리만이 유독 앞지르는 것이다. 이러니 저러니, 과감하게 스윙을 하면 좋지 않겠냐고 내가 말하려고 하는 순 간, 아오키 감독이 평소에 고함을 지르는 심정을 그제야 겨우 알 것만 같았다.

자부심이란 노력에서 비롯하는 것

오후 한 시에 시작한 운동장 연습도 네 시 반이 지나면 서서히 땅거미가 지기 시작하고, 선수들은 조용히 마무리 훈련에 들어간다. 연습시간을 아쉬워하는지 아오키 감독은 유도장으로 선수들을 불러 모아 미팅을 가졌다. 왜 치지 못하는가, 왜 이기지 못하는가. 그 전부터도 이 점에 관해서 선수들과 얘기를 나눈 적이 있었는데, 아오키 감독도 다양하게 그 원인을 분석하고 검토한 결과, 하나의 해답을 얻은 듯했다. 그리고 그것을 선수들에게 알려주려는 것이었다.

"우리 팀은 왜 이기지 못하는가?"

감독이 유도장 매트에 앉아 있는 선수들에게 물었다.

"공도 어느 정도는 빠르고, 수비도 그럭저럭 하는데도 왜 이기지 못하는 거지?"

잠시 정적이 흐른다.

"프라이드, 즉 자부심이 없기 때문이다."

아오키 감독이 잘라 말했다. 자부심이 없기 때문에 시합에서 이기지 못한다는 것이다.

"가이세이에는 가이세이 야구부만의 프라이드가 있어야 한다. 프라이드를 말하는 사람을 멸시하는 듯한 그런 낮은 수준의 것이 아니다. 우리들은 어떤 야구를 하고 있는가. 어떤 스타일로 야구를 하는가에 대한 확신. 그게 프라이드다."

가이세이 선수들에게는 자신감이 없다. 본인들의 야구에 대한 확신이 없는 것이다.

"실력이 뛰어난 학교의 야구부는 훈련을 확실하게 그리고 많이 하기 때문에 시합에서 지지 않는다는 자신감을 가지고 있다. 그러나 우리 팀은 훈련량이 너무 적기 때문에 그렇게 말할 수도 없다. 두뇌 플레이를 하고 있다고 말할 수 있을지 모르지만, 그런 팀은 얼마든지 있다. 그렇다면 우리는 어디에서 자부심을 가져야만 하는가?"

그게 어딜까, 라고 생각하면서 나도 선수들과 함께 아오키 감독의 입에서 나올 다음 말을 기다렸다.

"우리는 해야만 하는 것을 훈련을 통해서 최선을 다해 철저하게 추구한다. 이게 우리의 프라이드다."

사실 가이세이 야구부는 최소한의 필요한 연습밖에 하지 않는다. 예를 들어 더블플레이는 필요 이상이기 때문에, 그걸 대비하는 훈련은 아예 하지 않는다. 본인의 수비 범위를 무리 없이 처리해서 아웃을 시키면 그것으로 충분한 것이다. 투수는 스트라이크를 던지면 그것으로 충분하다. 그리고 타자는 타구를 멀리 날리면 그것으로 충분하다. 벤치에서 목소리를 맞춰 소리를 지르거나 몸을 푸는 워밍업을 구령에 맞춰 전원이 모여 하는 것도 필요 이상의 것이다. 다른 팀은 쓸데없는 훈련을 하고 있지만, 우리 팀은 필요하다고 생각하는 것을 철저하게 연습한다. 즉, 필요한 훈련의 양과 질을 철저하게 추구한다는 것이다.

"수학에서 배웠을 것이다. 필요충분조건."

스포츠에서 이기려는 근성이 부족하다는 것은,
자부심이 없다는 것과 다르지 않다.
자부심은 자신감에서 비롯한다. 그리고 자신감은
피나는 노력을 통해 얻어지는 산물인 것이다.
결국 자신감이 없는 선수에게 자부심을
기대하는 것은 어리석은 일이다. 자부심이 없으니
이기려는 승부근성 또한 애당초 없는 것이다.
승부근성이 없는 스포츠는 공허하다.
스포츠를 넘어 삶 전체에서도 마찬가지다.
지금 자신의 모습이
텅 빈 것처럼 느껴진다면
그 자리에 멈춰서서
진지하게 되돌아볼 일이다.

나는 까맣게 잊고 있었는데, 새삼스럽게 『철학사전』을 꺼내드니, 이런 내용이 적혀 있다.

A이면 B일 때, B이기 위해서는 A이기만 하면 충분하다. 이렇게 A이면 B일 때, A를 B의 충분조건이라 한다……(중략)……A이면 B일 때, A이기 위해서는 B여야 한다. 이렇게 A이면 B일 때, B를 A의 필요조건이라고 한다. A가 B의 필요조건인 동시에 충분조건일 때, A를 B의 필요충분조건이라고 한다. A가 B의 필요충분조건이면, B는 A의 필요충분조건이다. 따라서 이 경우 A와 B는 서로에게 필요충분이 된다. 이 경우 A와 B는 등치[等値, 또는 동치(同値)]라고도 한다 (『철학사전』, 헤이본샤, 1971).

가이세이고 야구부라면 떠오르는 야구 스타일이 있다. 가이세이고 야구부이기 위해서는 그 야구 스타일이 필요하고, 게다가 그 야구 스타일이기 위해서는 가이세이고 야구부이면 충분한 게 된다. 그리고 나서야 비로소 가이세이고 야구부와 그 야구 스타일은 서로에게 필요충분조건이 된다. 그 결과 가이세이고 야구부와 그 야구 스타일은 등치가 된다. 가이세이고 야구부는 바로 그 야구 스타일! 여기서 더블플레이를 하기도 하면 필요조건을 넘어서는 것이 되어 이 둘의 등치관계는 깨져버린다. 따라서 등치관계를 만든 프라이드에도 금이 가는 것이다.

"귀찮겠지만 이 필요충분을 목표로 삼아 각자의 훈련을 떠올리는 것

이 다른 팀에는 없는 우리만의 자부심이다. 스물여섯 명이라면 스물여섯 개의 훈련방식. 약하지만은 않다. 마음을 굳게 먹고 프라이드를 가져라. 알았나?"

수업이 끝났음을 알리는 학교종이 울린다. 한 달 만에 실시한 훈련도 이렇게 끝났다.

가이세이고 야구부의 훈련을 보다보면, 골치가 아프다. 어쩌면 저렇게 머리를 철저하게 사용하고 움직임이 둔화되고 난 후에야, 그들은 비로소 과감하게 스윙을 하게 될까.

북새통 커뮤니케이션

운동장을 바라보면서 나는 4년 전의 팀을 생각했다. 동동경 대회에서 4차전까지 승승장구하고, 강팀인 슈토쿠고에 안타깝게도 1-0으로 진 그 팀 말이다. 새삼스레 생각하자니, 가이세이고 야구부는 결코 강했던 것이 아니다. 그들은 약했지만 승리에 승리를 거듭했다. 오히려 약했기 때문에 이겼던 측면도 있었다. 약하다는 것은 지금의 팀에도 해당하는데, 과연 그렇다면 지금은 어떤가. 아무리 약팀이라지만 맥아리가 없다. 그야말로 승부근성이라고는 찾아볼 수 없을 정도이다. 예전의 팀처럼 약점을 역으로 취하는 강인함도 전혀 느낄 수가 없다.

4년 전의 팀은 실책이 끊이지 않았지만, 그것도 상대팀의 방심을 유도하려는 듯한 느낌을 들게 했다. 상대팀이 빈틈을 보이면 단번에 공격했다. 아오키 감독이 말하는 "우당탕 북새통을 만들듯이 혼란스럽게 만들어 대량 득점"을 했던 것이다. 지금의 팀에는 이런 북새통을 연상시키는 느낌이 없다.

선수들과 대화를 해도, "상대방의 의표를 찌른다", "계략에 빠트린다", "속임수를 쓴다", "기회를 포착한다", "혼내주겠다", "꼴좋다!" 등이라는 발상을 더 이상 느낄 수가 없다. 그들에게 야구를 시작하게 된 계기를 물어보면, 대부분은 "부모님과 얘기하다가"라고 답한다. 또는 본인보다는 "부모님이 야구를 좋아하셔서"라든가, "부모님이 야구를 하고 계신다"라고 답한다. 그중에는 "부모님이 축구를 하는 아들보다는 야구를 하는 아들을 더 좋아하셔서, 저를 야구장에 데리고 가신 뒤로 제가 야구를 좋아하게 되었다"는 선수도 있다. 부모 자식 간의 관계로는 더없이 훌륭하다. 하지만 그들이 근본적으로 '합의'에 기초해서 야구를 하겠다고 한 것은 아닐 게다. 규칙에 합의하는 것은 경기의 기본이다. 그런데 그들은 규칙 이외의 것에까지 필요 이상으로 합의를 구하는 것처럼 비친다.

걸신들린 척

"우리들은 걸신들린 것처럼 몰입하지는 않는다고 생각합니다."
어느 1학년생이 이런 말을 하자, 나는 무심결에 그의 말에 동조했다.
"역시, 그렇죠?"
"예. 걸신들린 척을 하는 사람들은 있지만 실제로는 조용합니다."
"척을 한다고요? 그럼, 그쪽 학생도요?"
"아마 그럴걸요."

"평소에도요?"

내가 그의 속내를 떠봤다.

그는 잠시 생각하더니 이렇게 중얼거렸다.

"그렇다고 생각합니다."

"근데 '걸신들린 것'과 '걸신들린 척하는 것'과는 다른가요?

"다릅니다."

"어떻게요?"

"걸신들린 척하는 사람들은 기회나 위기의 순간에 심리적으로 몰리게 되면 플레이를 하지 못할 수 있습니다. 하지만 정말로 걸신들린 듯이 몰두하는 사람들은 실수를 할지는 몰라도 최선을 다한다고 생각합니다."

"진정으로 좋아서 해야 한다는 거군요."

"그렇습니다."

"근데 '척'하는 데에도 진정으로 하는 게 있지 않나요?"

적어도 척하는 동안에는 진정으로 최선을 다하는 것과 차이가 없다. 그러니 그 차이에 집착할 필요는 없지 않나.

"음, 그건 잘 모르겠습니다."

그는 다시 한 번 생각에 잠긴다.

"그럼 학생은 스스로 걸신들린 듯이 몰두하고 있나요?" 내가 또 물었다.

"아니요."

이번에는 머뭇거리지 않고 딱 잘라 대답했다.

"야구 말고는요?"

"별로 없어요."

"그래도 가이세이고에 들어올 때, 걸신들린 듯이 한마디로 미친 듯이 공부한 거 아녜요?"

입시 준비할 때에는 공부 욕심이 있었을 것이다. 그런 자세로 야구도 걸신들린 듯이 하면 안 되나.

"공부는 혼자서 하는 것이기 때문에 남들에게 피해를 주지는 않습니다. 그런데 야구는 시합에서 실수를 하면 선수 전원에게 피해를 줍니다. 그래서 부담을 많이 느낍니다."

무슨 말을 하고 싶은 건지 난 잘 모르겠다. 하지만 곰곰이 생각해보면, 그가 말하는 '걸신들린다'라는 것이 남들의 괴로움을 고려하지 않는 것을 말하는 것 같다는 생각이 들었다.

"혹시 걸신들리고 싶지 않아서 그런 건가요?"

내가 그새를 참지 못하고 돌직구를 던졌다.

"걸신들려야 할 때가 있을지 모르겠지만 지금까지는 그런 일이 없었습니다."

"어떤 때요?"

"야구로 예를 들면, 기회뿐만이 아니라 경기 막판에 지고 있을 때입니다. 이럴 때는 적극적으로 플레이를 하지 않으면 이길 수 없으니까요."

"거기서 걸신들리게 되는 거군요?"

"걸신들린 척하는 겁니다."

"그 척한다는 게 뭔지 구체적으로 얘기 좀 해봐요."

"소리를 지른다거나 그 정도밖에 없다고 생각합니다. 이 전의 시합에서도 팀이 상승세를 탔을 때에는 모두 소리를 지르고 있었기 때문에 걸신들린 척 했다고 생각합니다."

그는 남들이 '진짜 걸신들린 것'과 '걸신들린 척하는 것'도 구분이 된다고 말한다. 그러나 내가 어떻게 구분할 수 있는지를 물으니, 그도 그 방법은 잘 모르겠단다. 모르는데 어떻게 구분할 수 있는지를 물어도, "실제로 관련된 사람이 아니면 그 사람의 내면까지는 모르기 때문"이라고 얼버무린다. 그렇다면 결국은 직감이라는 건데. 나는 나를 가리키며 이렇게 물었다.

"저는 어때요? 걸신들려 보이나요?"

"아니요."

그가 시원스레 대답한다.

"그럼 걸신들린 척한다는 건가요?"

"예."

그가 딱 잘라 말한다. 나는 "그럴지도 모르겠다"라며 하마터면 그의 말에 수긍할 뻔했다. 유도하려고 했는데, 내가 오히려 유도당한 것이다. 가뜩이나 내 속내까지 그에게 들킨 것 같아 나는 잠시 할 말을 잃었다. 그 시점에서 나는 그의 의견에 동의했고, 그 다음부터의 문답은 '척하는' 사람끼리 속내를 탐구하는 것으로 진행되었다. 그 학생에 따르면 아오키 감독은 '걸신들인' 것과 '걸신들인 척'의 양면을 모두 지니고 있어서, 그에게는 하나의 이상형에 가까운 인물인 듯했다.

충분한 성취감

나는 선수 전원에게 '본인의 과제'를 물었다. 선수 대부분이 입에 처음으로 올린 것은 "타격할 때 몸이 열리기 때문에, 열리지 않고서 공을 치는 것"이라는 대답이었다. 이것은 아오키 감독이 항상 입에 달고 있는 말로서, 아오키 감독으로부터 귀찮을 정도로 그 말을 들었다고 하면 모를까, 그들은 마치 본인이 생각한 것처럼 말하기 때문에, 솔직히 지나친 게 염려가 되기도 한다.

선수들은 감독이 하는 말을 있는 그대로 곧이곧대로 받아들이는 성향이 있다면서, 아오키 감독이 새로 내세운 "해야 할 훈련을 할 만큼만 한다, 즉 필요충분한 훈련을 지향한다"라는 방침도 걱정이 되었다. 확실히 이것은 논리학에서는 '참'인 명제일지 모르지만 야구부의 슬로건으로서는 사람을 맥 빠지게 만든다. '필요한' 것뿐이라면 부족하다는 생각 때문에 그야말로 '집착하려는' 마음이 고개를 들게 뻔하다. 하지만 '충분'이 계속되면 그쯤이면 되겠다는 충분함 때문에 그만해도 될 것 같다고 생각할 것이다. 걸신들리려고 한 것만으로도 충분하다고 파악하는 것은 아닐는지.

"'필요충분하다'는 것은 정말로 필요한 것만 하면 되는 겁니다. 불필

요한 것은 하지 않는 거죠. 이것은 제게도 딱 맞다고 생각합니다."

이나즈미 요시히코 군(1학년)이 보일 듯 말 듯 고개를 끄덕였다. 이런 필요충분조건에 대해서 그저 이해한 정도가 아니라 완전한 의견일치를 본 것 같았다.

이나즈미 군은 부모님이 해외법인으로 발령을 받아서 초등학교 2학년 때부터 중학교 2학년 때까지 터키에서 생활했다. 귀국 후에 입시학원에 들어가는 시험에서 높은 점수를 받아서, "너라면 가이세이고에 갈 수 있다"라는 말을 들었단다. 그땐 가이세이고가 어떤 학교인지 몰랐지만 "내친 김"에 이 학교에 진학한 것 같다. 터키에서 생활할 때에는 축구를 했는데 심기일전할 필요를 느껴, 가이세이고에 들어와서는 야구를 시작했다고 한다. "저는 낭비라고 생각하는 것은 하고 싶지 않습니다. 평소에도 그런 것은 하지 않습니다."

알뜰살뜰하게 절약을 하고 있는 모습이다.

"예를 들면요?"

"체육복을 가방에 넣으면 부피가 커지잖아요. 그래서 처음부터 교복 안에다 체육복을 껴입는 것 같은 거요."

"그러면 안 되는 거 아닌가요?"

"이런, 죄송합니다. 제가 착각했습니다."

이나즈미 군은 사례를 잘못 든 것을 정정하면서 자신의 머리를 쥐어뜯기까지 한다. 어쨌거나 그의 테마는 '낭비하지 않기'인 것이다.

"낭비는 에너지가 쓸데없이 소모되거나 엉뚱한 곳으로 확산되고 있다는 겁니다. 그런 것들을 없애고 줄여서 한군데로 모으면 야구공도 저 멀리 날릴 수 있다고 생각합니다."

"음. 과연."

스윙 이론에 딱 맞는 생각이다.

"그래서 저는 항상 '에너지를 모은다'라는 이미지를 가지려고 노력하고 있습니다. 에너지의 총량은 변하지 않기 때문에, 온몸의 에너지를 모아서 한 방에 터트리는 이미지를 연습하는 거죠."

"그 에너지는 어디서 옵니까?"

내가 물었다. 그는 놀란 듯이 "예?"라고 반문을 하고 양해까지 구한다.

"죄송합니다. 아직 거기까진 생각해보질 않아서요."

"혹시 그게 체중에는 적용이 안 되나요?"

"그럴지 모르겠습니다. 근데 아니에요. 그럼 체중을 늘리면 된다는 것으로 생각하게 되는데, 전에 그렇게 해본 적이 있었습니다. 근데 저는 아무리 먹어도 체중이 늘지 않더라고요. 그래서 그 방법은 해보지 않기로 했습니다."

"그랬군요."

"그것보다는 집중하는 게 더 중요하고 효율적이라고 생각합니다. 몸 무게가 100킬로그램인 사람의 집중률 50%에서 나오는 것보다는 60킬로그램인 사람의 집중률 100%에서 모아지는 에너지양이 많기 때문이죠. 지금 저는 20~30% 정도, 아니지, 그보다 더 낮습니다만……"

이나즈미 군은 일상생활에서도 '낭비의 배제'를 실천하고 있는 듯했

다. 학교가 끝나면, 먼저 학원의 자습실로 가서 그곳에서 두세 시간 정도 바싹 집중해서 공부를 한다.

"집에서는 그냥 아무것도 하지 않고 쉬고만 싶어서요. 그야말로 릴렉스랄까, 쫙 퍼지는 거죠. 그래서 공부는 학원에서 모두 끝내려고 해요. 자습실에서 먼저 모든 과목을 한 번씩 살펴봅니다. 하루만 안 해도 그걸 복습하려면 이틀이 걸리기 때문에 그런 성가신 것을 피하려고 하는 겁니다. 한 시간 정도를 들여 전 과목을 보는데, 그 시간에 숙제를 하거나 부족한 과목을 공부하고 시험 준비도 합니다."

"그렇게 정해서 하는 군요?"

"예. 자습실에 가면 먼저 집에 갈 시간을 정해요."

"귀가 시간부터요?"

"예. 그날의 몸 컨디션과 해야 할 공부의 분량을 따져서, 오늘은 몇 시까지 공부하겠다고 정합니다. 그리고 그 시간까지 공부를 마치는 데에 집중합니다. 실제로 그 시간이 되면 졸리기도 하고요."

"그리고 집에 가나요?"

"예. 집에 갈 때에는 지하철에서 게임을 해요. 아침에 학교 갈 때에는 지하철에서 단어장을 꺼내 암기를 합니다. 근데 저녁에는 지하철에서 놀기로 정한 거예요."

"지하철에서 내려서는요?"

"역에서 집까지는 10분에서 15분 정도 걸리는데요. 그때는 걸으면서 야구를 생각합니다."

"그것도 정해서 하는 겁니까?"

"예. 딱히 할 게 없으니까요."

"무슨 뜻이에요?"

"집까지 가는 길에는 차도 잘 다니지 않아요. 앞을 안 보고 걸어도 사고 날 위험이 거의 없으니까요."

걷는 길에 신경을 쓰는 게 아니라, 오로지 머릿속에 떠오른 것에만 몰두하는 것 같다. 하지만 굽은 길이 나올 수도 있지 않나.

"어떤 생각을 해요?"

"오늘의 훈련은 이게 안 됐다 라든가, 감독님으로부터 이것을 지적받았다 라든가, 오늘은 이게 됐는데 내일도 할 수 있을까, 같은 거요."

"내용도 정해진 거네요."

"예. 이렇게 세 가지 패턴입니다."

"집에 도착하면요?"

"일단 가방을 놓고, 현관에 있는 배트를 가지고 집 앞에서 스윙을 합니다. 아무래도 스윙이 잘 안돼서요. 기본적으로 하루에 100회 정도는 합니다."

"와아, 진짜로 시간을 허비하질 않네요."

하루 대부분의 시간을 낭비하는 듯한 생활을 하는 내 입에서 감탄사가 절로 나왔다. 이나즈미 군이 말을 이었다.

"역시 긴장과 이완을 함께 하면서 탄력적으로 운영하는 게 중요하다고 생각합니다."

"마, 마, 맞는 얘기입니다."

교육적으로 어긋남이 없는 바른 사고방식이라서 나는 수긍할 수밖에 없었다.

"탄력적으로, 공부, 놀기, 야구 중 하나를 택해서 집중하면 뭐든 깊이 있게 할 수 있습니다. 공부, 놀기, 야구가 동시에 머릿속에 있으면 어중간하게 되고 성취감도 얻기 어렵습니다."

"성취감이요?"

"예. 탄력적으로 운영하게 되면, '오늘은 여기까지 했다'라고 생각합니다. 그렇게 성과가 나오면 뭔가 성취감을 느끼게 되더라고요."

나는 바로 이것이 필요충분과 비슷하다고 생각했다. 그에 따르면 '충분'이라는 것은 곧 성취감이다. '필요'가 정해지면 '충분'이 따라온다. 하루의 일과를 '필요'로 세분화하면 '충분'이 축적될지도 모를 일인 것이다.

"그래서 야구 실력은 좀 늘었나요?"

내가 다시 물었다.

이나즈미 군이 진지한 얼굴을 하고 대답했다.

"스윙 연습은 하고 있습니다. 근데 공이 앞에서 와서요."

"어디서 온다고요?"

공이 그럼 앞에서 오지, 어디서 온다는 건가. 당연한 것을 거론하는 이나즈미 군의 말에 나는 잠시 동안 머리가 어지러웠다.

"공이 앞에서 날아오면 스윙이 달라져서요."

그가 안고 있는 문제는, '공이 앞에서부터 날라온다'는 야구의 본질과 관련된 것이었다.

"어떻게 달라지는데요?"

그의 생각을 확인하려는데, 그가 머리를 숙이며 말했다.

"뭐라고 하면 좋을까요. 실제의 야구는 스윙 연습할 때와는 다르다는 인식이 생겼기 때문이라고 할까요."

정말로 난해한 문제설정이다. 지금은 내가 머리를 쥐어뜯고 싶은 심정이다. '실제로 다른지 아니면 그게 아닌지'가 아니라, 인식의 차이가 만들어내는 주저함 때문이라는 말인가. 이 타격 부진은 물리적으로는 배트로 공을 맞히지 못한다는 지극히 간단한 문제이다. 하지만 이나즈미 군처럼 문제를 인식론적으로 접근하니까 도무지 해결책이 떠오르지 않는 것이다. 나는 그 문제를 집에까지 싸들고 가보기로 했다. 쓸데없는 시간 낭비일지 모르지만, 낭비를 배제하기 위해서는, 먼저 그것이 낭비인지 아닌지를 논리적으로 따져봐야 했기 때문이다.

서로 통한다는 것

"그쯤이면 되겠지, 라고 생각하지 말라. 지금 당장 할 수 있게 해라!"

아오키 감독이 고함을 지르고 있다. 조명 시설이 없는 가이세이고의 겨울 훈련 시간은 너무나 짧다. 수업이 끝나는 오후 세 시경부터 운동장 정비를 하고 훈련을 시작한다. 얼마 지나지 않아 사방은 사물의 구

별이 잘 되지 않게 된다. 훈련 뒤 정리 시간도 고려한다면, 훈련을 시작하자마자 훈련을 마칠 준비를 해야 할 것만 같은 바쁜 일과다.

타격 테스트와 스윙 자세 교정에 이어서 그 날의 훈련으로는 주루 플레이가 있었다. 1루에 주자를 세우고, 또 한 사람을 3루 쪽 코치 박스에 주루 코치로 세운다. 아오키 감독이 우익수 쪽으로 공을 치면, 그 때에 1루의 주자가 스타트를 끊어 3루 쪽 주루 코치의 지시에 따라 2루로 달린다. 주자로서는 주루 플레이 훈련이고, 주루 코치로서는 지시를 내리는 훈련이다.

주루 코치는 공의 흐름을 보면서, "2루에서 스톱!(베이스에서 떨어지지 않고 서기)", "스톱!(베이스를 지나쳐서 서기)!" 또는 "고!(3루로 계속 달리기)!"의 판단을 주자에게 전달한다. 가이세이고의 북새통 야구는 장타의 연발과 함께 주루 플레이로 상대팀을 혼비백산하게 만드는 게 핵심이다. 결국 이것이 승부의 기세를 만들어내는 것이다. 가이세이고가 바로 그 훈련을 하고 있는 것이다.

"빨리, 빨리, 좀 더 빠르게!"

해가 지고 있다. 아오키 감독이 선수들을 다그친다. 1루에서 선수들이 준비 자세를 갖춘다. 곧바로 감독이 공을 친다. 주자들은 전력 질주한다. 주자가 2루를 거쳐 3루로 향하는데, 주루 코치로 나선 선수가 "스톱!"이라고 외쳤다.

"거기서 스톱이라고 하면 어쩌란 말이야!"

아오키 감독이 화가 나서 소릴 질렀다. 2루를 확실히 돈 후에 '스톱'

이라고 말하면 이미 늦은 거다. 2루에 도착하기 전에 '스톱'이라고 지시를 내려야만 2루에서 멈출 수가 있다. 감독이 소릴 쳤다. "지시가 너무 늦잖아! 늦으면 지시가 아니다!" 그 말을 들은 주루 코치가 이번에는 주자가 1루에서 스타트를 끊자마자 "스톱"이라고 외친다. 감독이 "너무 빠르잖아!"라고 말하면, 이번에는 주자가 2루를 지나 3루를 향할 쯤에 "스톱"이라고 외친다. 주자는 어디에서 멈출지를 모르고 그 자리에서 버린다. 주자는 말 그대로 "동작 그만"이 되고 아웃이 되는 꼴이다.

"왜 스톱이야!"

"왜 멈추는데!"

아오키 감독은 주루 코치와 주자를 보고 화를 냈다. 얼마 안 있어 주루 코치는, "스톱", "고?", (아뿔싸 역시나) "스톱!" 같은 도무지 알 수 없는 지시를 내린다. 주자가 그만 2루 베이스 앞에서 넘어지고 만다. 한 술 더 떠, 주루 연습을 했는데도 불구하고 베이스를 밟는 것을 잊는 선수들도 있다. 무슨 연계 플레이를 하는 것도 아니고 선수들의 실수는 계속된다. 끝내는 어떤 실수인지도 모를 혼란에 선수들이 빠져들고 마는 것이다.

"자, 보라고. 2루를 벌써 지나간 주자에게 '스톱, 스톱'이라고 하면 이상하지!"

어둠이 내리는 운동장에 감독의 성난 외침이 울려 퍼졌다.

"그것은 '건너'라는 신호를 이미 받았던 사람에게 '건너지 마'라고 하는 것과 같은 거다. 미리 말을 해줘야 하는 거 아냐? 그걸 내가 꼭 말로

설명해야만 하냐고!"

선수들은 그 자세에서 그대로 동작 그만인 상태로 고개를 숙이고 있다.

"사람들의 커뮤니케이션이라고 하기에는 뭔가 우습지 않아? 사람들의 대화라고 하기에 이상하지 않냐 말이다. 그런 건 커뮤니케이션으로는 아무 짝에도 쓸모없다!"

한동안 침묵 상태.

어느새 사방은 더욱 어두컴컴해지고 있다.

"요컨대 너희들은 자기중심적이다. 상대방이 그것을 듣고 어떤 생각을 할지를 전혀 고려하지 않는단 말이다. 남들 생각은 눈곱만큼도 하지 않는 거지. 달리고 있는 사람의 생각을 해보란 말이다. 게다가 너희들은 안타가 나오면 1루 주자는 무턱대고 3루까지 달리기를 하질 않나. 대충대충 스톱하라고 할 거면 야구 따윈 그만 둬!"

그들은 훈련을 이해하기 위해서 일단 훈련을 스톱하고 싶었는지 모른다.

"죄송합니다. 공이 잘 보이지 않아서요⋯⋯."

한 선수가 감독에게 변명 섞인 설명을 했다. 확실히 내 쪽에서 보더라도 공이 어디로 어떻게 굴러가는지 확인하기가 어려웠다. 외야에 있는 선수들은 실책을 해도 공을 잡는 자세 그대로 꼼짝도 않고 있어서 혹시 공을 잡은 것은 아닐까, 라는 착각까지 들 정도였다.

"망설여도 좋다. 망설이는 것 자체가 나쁜 게 아니다. 망설여도 되기 때문에 결단을 해야 한다. 적절한 타이밍에서 결단을 내리는 것이 코치가 해야 할 임무인 것이다."

정확한 정보를 전달하는 것만이 커뮤니케이션은 아니다. 서로의 입장이나 역할을 서로에게 확인시키는 것이야말로 인간의 커뮤니케이션, 즉 소통인 것이다.

재능과 노력

전부터 희미하게나마 느끼고 있었던 것인데, 가이세이고의 학생들의 커뮤니케이션에는 뭔가 묘한 것이 있다. 예를 들어, 내가 훈련을 취재하기 위해서 니시닛포리 역에서부터 걸어서 가이세이고로 향하는 도중에, 한 야구부 선수를 만났다.

내가 물었다.

"저기요, 학생, 오늘 훈련은 없어요?"

학생이 귀에 낀 이어폰을 빼면서 말한다.

"오늘 훈련은 자율인데요."

자율훈련이 뭔지는 알겠고, 그가 훈련에 참가하지 않는지를 물으려고 하는데 이렇게 말을 잇는다.

"훈련은 기본적으로는 목요일 아니면 토요일에 있습니다. 목요일에 훈련하면 토요일은 하지 않고요. 게다가 기말시험이 얼마 남지 않아서요."

가이세이고의 일정을 시시콜콜 설명해준다. 말을 하면 할수록 어떤 장벽이 쳐지는 것 같다. 정작 관련된 것을 그 학생에겐 묻지를 못하고

있다.

왜 그러지. 교문 밖으로 나서는 학생들의 대화에 나는 귀를 기울였다. 정문 근처의 편의점에서 파는 튀김을 손에 들고 서 있는 학생들이 나누는 대화 내용이 이랬다.

"이걸 어떻게 하면 3분의 1로 나눌 수 있지?" 마치 수학 문제를 대하는 것 같다. 휴대전화를 서로 보여주면서, "휴대전화 회사를 바꾸면 어떤 메리트가 있을까?", "와. 이 커피카라멜은 시리즈로 만든 거네.", "이거 있으면 무로마치 시대(1336년부터 1573년까지 무로마치 막부가 일본을 지배했던 시대. 아시카가 가문이 중앙 권력을 장악했기 때문에 아시카가(足利) 시대라고도 한다-옮긴이)의 혼란상이 떠오르는데." 등등.

살펴보니, 그들은 시험문제를 내고 있다. 묻기와 답하기가 미리 준비된 듯했다. 따라서 "훈련은요?"라고 물으면 훈련의 스케줄을 쭉 답할 것이다. 합의를 구하거나 합의사항을 확인할 것처럼 말이다.

이런 저간의 사정을 미와 히카리 군(1학년)이 풀어 설명해주었다. 그는 공립 중학교 출신이다. 학원에서 "보통이랄까. 어느 정도의 실력은 있지 않나"라는 생각으로 가이세이고에 진학했다고 한다. 이와 관련해서 다른 중학교에서 가이세이고로 입학하는 학생 수는 대략 100명(가이세이중학교에서 바로 가이세이고등학교로 진학하는 학생은 300명 정도)이며, 그들은 '신고생(新高生)'으로 불린다.

"전체적으로 맞는 사람과 그렇지 않은 사람이 있습니다. 하지만 맞지 않는 사람이 특별히 싫은 건 아닙니다."

"그럼 뭐가 싫은 거죠?"

"취미가 다른 거요."

"취미요?"

"저는 카드 게임을 하지 않지만, 그걸 취미로 하는 사람도 있죠."

취미가 같은 사람끼리의 커뮤니케이션. 애호가들만의 광적인 대화가 오가는 좁은 세계라서 그런가.

"취미는 뭐예요?"

"이거다, 라고 말씀드릴 게 없어요. 그래도 역시 스포츠와 관련된 거지만요."

"야구는요?"

"야구는 역시 팀 경기라서 일희일비 하는 게 좋아요."

그에겐 야구도 취미의 하나. 근데 그것도 생각이 같은 사람끼리의 팀일 텐데.

"하지만 그러면 시합도 조용하잖아요."

"아니요. 역시 본인이 경기에 출전하지 않으면 아무래도 시합에 참가하고 있다는 마음이 안 생깁니다."

"연습은요?"

"모두들 머리가 좋아서 저마다 스스로 알아서 할 거라고 생각합니다. 각자 해결하려고 하지 않을까요. 저는 뭣도 모르고 초등학교 때부터 쭉 야구를 해오고 있는데요. 하지만 아무 생각 없었거든요. 근데 요즘에 들어서야 아오키 감독님의 영향을 받아 그런지 연습할 때도 이런저런

생각을 하게 됩니다."

"본인도 머리가 좋다고 생각하는 건가요?"

"아닙니다. 저는 어디까지나 주변의 영향을 받아서 그런 거 같습니다."

많든 적든 사람들은 주변으로부터 영향을 받는다. 영향을 주고받을 수 있는 팀플레이처럼 아무렇지 않게 영향을 주면 좋을 텐데.

"저는 시골에서 중학교를 다녔어요. 그래서 처음에는 좀 당황했습니다."

이런 말을 한 학생은 미야우치 아키라 군(2학년)이다. 그는 가이세이 중학교 진학에 실패해서 고향에 있는 공립 중학교에 진학했단다. 그래서 "어디 두고 보자"는 결심을 하고서, 고교 입시를 다시 보고 가이세이고에 도전해서 보란 듯이 합격했단다.

"가이세이에 들어와보니 어떤 점이 유독 인상적이던가요?"

"가이세이에는 왠지 독특하게 말하는 분위기가 있어요."

"어떻게요?"

"뭐랄까. 일단 어떤 하나의 말이 유행하면 그것이 곧바로 전 학년에 퍼져서 모두가 그렇게 말을 합니다. 그리고는 다른 하나는 말투입니다. 고향에서 중학교를 다닐 때 친구들 앞에서 지금 이런 식으로 말을 하면, 지금 너 뭔 소리 하냐고 욕을 바가지로 먹을 겁니다."

"어떤 말투요?"

"그게, 음, 죄송합니다. 저 역시 영향을 받았기 때문에 잘 설명하질 못하겠네요."

"야구부 선수들도 그래요?"

야구부에서는 그다지 특별하게 느껴지지 않았기 때문이다.

"야구부는 조용해요. 다만, 가끔 남에게 의지하는 성향이 있어요."

"누구에게요?"

"가와하라다입니다. 그에게 많이 의존하는 편입니다."

유격수를 맡고 있는 가와하라다 나오키 군(2학년)이 그 주인공이다. 잡는 동작과 던지는 동작을 매끄럽게 연결해서, 그 전에도 "스윙과 달리 수비만큼은 어느 정도 자신 있다"며 대수롭지 않다는 듯 큰소리를 친 학생이다. 내야 수비는 그에게 많이 의존하니까 따로 특별히 말할 것도 없는 건가.

"타격은요?"

"기본적으로 저는 지적을 받는 쪽이라서요. 다른 사람들에 대해서 '이건 이상하다'고 말할 수는 있지만, 어떻게 하면 좋을지는 말하지 않습니다. 아니지, 말할 수 없습니다."

"어떻게 할지를 모르는 건 아니고요?"

"아니요. 어떻게 해서 알게 됐습니다. 그게 정말로 맞는지 어떤지는 모르겠습니다. 사실 말할 수 있으면 좋겠지만요. 어쨌거나 제 자신은 지금 당장 실력이 나아지진 않네요. 한창 시행착오를 겪고 있는 중이라서 그런가 봅니다."

다른 선수들도 말하는 것이 이와 같았다. "내가 실수를 저지르면 어쩌나 하는 불안감이 들기 때문에 남들에게 말하지 않는다"는 것이다.

말을 한다는 것은 그 사람을 판단하는 것이고, 거기에는 근거가 필요하고, 근거는 경험에 토대를 둘 수밖에 없다. 그런데 그 경험이 원래 없는 것이다. 어쩌면 미야우치 군이 말하는 "가이세이고의 말투"란 게 바로 이것일지 모른다. 서로가 틀리지 않게 대화하는 것. 그러니까 논리적으로는 타당한 것 같은 문답이 되는 것이다.

"하지만 '이건 이상하다'고는 말하잖아요."

"말은 그렇게 하지만, 어떻게 하면 좋을지는 모르기 때문에, 그래서 서로 대화가 되는 겁니다."

"뭐라고요?"

"'무슨 일인데?'라며 몇몇이 모여서, 어떻게 할지 얘기하잖아요. 그리고 '이렇게 해보면 좋겠다'는 답이 나오긴 하지만, 그렇게 해서 원하는 결과를 제대로 얻을지는 모르겠습니다."

"하지만 예를 든 답이 설령 옳다 하더라도, 그 결과가 어떻게 나올지는 또 다른 문제가 아닌가요?"

"맞습니다. 사실 저도 제대로 말할 수 있으면 좋겠지만요."

미야우치 군이 자신 있는 과목은 지리이다. 약학부에 진학하고 싶다고 하는데, 왜 지리 과목일까. 그 이유를 묻자 그가 미소를 지으며 답한다.

"지리는 장소라든가 그래프를 보면서 답해야 하지 않습니까. 선이나 막대그래프로 수출량의 추이를 보여주든가 하잖아요. 그래프가 있는 게 좋아요. 근데 수학은 잘 못해요."

"왜요?"

"뭔가 순간적으로 번뜩이는 재능 같은 게 없거든요."

미야우치 군이 고개를 숙인다.

"재능이요?"

"중학교 입시에서도 그랬어요. 문제를 봐도 뭔가 떠오르는 게 없었어요. 도형 문제를 푸는데 보조선 같은 게 전혀 떠오르지도 않았고요. 수학은 꽝이에요. 사실은 중학교부터 가이세이에 들어간 학생이 이상한 겁니다. 어떻게 그런 문제를 다 풀 수 있는 거죠? 그런 식으로 본다면 저는 머리가 좋지는 않다고 생각합니다."

"그렇진 않을 겁니다."

나는 별 생각 없이 내 자신의 경험을 들려줬다. 사실은 나도 중학교 입시에 실패했다. 내 경우는 그와 달리, 머리에 떠오른 것이 틀리긴 했지만, 나는 거의 틀림없이 완벽하다고 생각했다. 미야우치 군처럼 "할 수 없었다"는 자각이 있다는 것은 풀 수 있는 문제가 있다는 것이기 때문에, 나처럼 전체를 하지 못하게 되면 오히려 전체적으로 할 수 있을 것 같은 착각에 빠지는 것이다. 원래 중학교 입시가 어렵다면서 동정도 유발하면서 푸념인 듯한 얘기가 오가는 사이에 나는 무심결에 이렇게 중얼거렸다.

"하지만 야구도 타고난 번뜩이는 재능이 있어야 하는 거 아닌가요? 스윙도 눈 깜짝할 사이에 하는데 말이죠."

미야우치 군이 반사적으로 부정했다.

"그렇지 않습니다."

"그럼 뭡니까?"

"노력입니다. 그러니까, 음. 노력이라고 믿고 싶습니다. 그렇지 않으면 저 같은 사람은 안 되는 거잖습니까."

그는 매일 아침 일곱 시에 등교해서 배드민턴의 셔틀콕을 치면서 훈련을 한다. 그리고 방과 후에는 근육을 늘리는 훈련을 한다. 천부적인 재능을 넘어서는, 후천적인 노력을 증명해 보이는 미야우치 군이다.

언제 스타트를 끊을 것인가?

주루 훈련에서 눈에 띄게 달리기가 빨랐던 선수는 이케다 타쿠마 군(2학년)이다. 타격이 그다지 뛰어나지 않은 평범한 선수인데, 그는 시합에서 누상에 나가기만 하면 꼭 도루를 감행했다. 이번 시즌에서 도루 실패는 단 한 번뿐이었다. 한 경기에서 다섯 차례나 도루를 시도한 적도 있었다. 지난 번 대회의 동동경 예선에서도 아홉 차례나 대주자로 나서서 2루 도루를 감행하고, 게다가 3루 도루도 했다. 그렇게 단타 하나를 가지고 동점을 만드는 상황까지 만드는 것이다.

"의외로 긴장을 하지 않습니다. 남들보다는 차분해지는 편이에요. 어느 때에 도루를 할 수 있는지 확신이 들거든요."

이케다 군은 평소에도 발끝으로 걷는 듯했다. 체중이 가벼워 앞쪽으로 날아갈 듯 당장이라도 뛰쳐나갈 것만 같다. 타격이나 수비와는 다르게 100%에 가까운 도루 성공률을 보이고 있기 때문인지 가이세이고

야구부에서도 보기 드물게 자신감으로 충만한 선수다. 어쨌든 이케다 군은 초등학교 때부터 발이 빨랐고, 유소년 야구에서도 도루 성공률이 100%에 가까웠으며, 경험도 풍부했다.

"사람들은 야구에서 투수와 타자의 승부만 주목하는데요. 도루는, 누상의 주자와 상대팀 투수와 포수와의 승부입니다. 그래서 도루에 성공하면 '이겼다'는 생각이 듭니다."

팀은 시합에 져도 그는 계속해서 이기고 있는 것이다.

"도루는 어떻게 해요?"

내 질문에 이케다 군이 자신감 넘치게 답했다.

"벤치에 있을 때부터 상대팀 투수의 버릇을 꼼꼼히 체크합니다. 자세히 보면요. 투수가 세트포지션을 할 때에는 버릇이 나오기 마련입니다. 투수가 공 던질 때 예비 동작을 하잖아요. 그때 상반신의 어깨와 체중의 이동을 눈여겨보면서 언제 스타트를 끊을 것인가를 미리 정합니다."

1루에서 2루로의 도루는 투수가 공을 던질 때에 스타트를 끊는다. 그러나 2루에서 3루로의 도루는 그것보다는 조금 더 빨리 스타트를 끊는다고 한다. 포수를 기준으로 2루보다는 3루가 가깝고, 따라서 그만큼 공도 3루수에게 더 빨리 오기 때문이다.

"그래서 3루로 도루를 할 때에는 투수가 공을 던지는 자세에 들어가

기 좀 전의 타이밍에서 스타트를 끊습니다. 말하자면 그 순간의 분위기를 읽는 거죠. 투수가 던질지 말지는 사실 모르지만 승부를 거는 거죠. 도박에서처럼요. 리듬이 단조로운 투수라면 거의 틀림이 없어서 도박이라고 하긴 좀 그렇지만요. 실력이 뛰어난 투수라면 공 하나하나에 변화를 주기 때문에 도박이라고 할 수 있습니다. 저는 그게 재미있습니다."

이케다 군의 말은 한마디로 신선했다. 원래 야구란 같은 편끼리의 커뮤니케이션을 도모하는 것이 목적이 아니라, 상대팀의 사인과 작전 구사 커뮤니케이션을 파악해서 그것을 깨트리는 경기라고도 할 수 있다. 도루는 적의 실책을 유발하게 하고, 자기 팀의 공격에 상승세를 불러온다. 이케다 군이야말로 가이세이고의 이른바 우당탕 북새통 야구의 단초가 아닐까. 덧붙이면 그가 가장 자신 있어 하는 과목은 국어(일본어)의 고문(古文)이란다. 고문의 어떤 점이 좋은지를 물었다. 이케다 군이 이렇게 답한다.

"왠지 운치 있어 보이지 않나요?"

"뭔 치요?"

아마 이케다 군은 야구에서도 운치를 느끼는지 모르겠다.

"게다가 고문에는 만화 같은 재미가 있거든요."

"어떤 면에서?"

"『스츠미츄나곤 모노가타리(堤中納言物語)』(일본 헤이안 시대(794~1185) 후기 이래 쓰인 단편 이야기 모음집으로, 모두 11편이 수록되어 있으며, 편자는 알려져 있지 않다–옮긴이)든가. 그 중에 『벌레를 귀여워하는 공

주(愛づる姫君)』(일본의 유명 애니메이션 감독인 미야자키 하야오는 『바람 계곡의 나우시카』(1984)의 여주인공인 나우시카를 이 이야기의 공주로부터 착상을 얻어 캐릭터를 만들었다고 한다-옮긴이) 같은 짧은 이야기는 진짜 재미있지 않나요."

이케다 군이 얼굴 한가득 회심의 미소를 머금고 대답한다. 그는 매주 한 차례 타격 센터에 간다. 센터에 설치된 배팅기계에는 속도별로 '저속', '중속', '고속' 등이 있는데, 이케다 군은 속도 예측이 무작위인 랜덤에 스위치를 놓고서 실전형으로 연습을 한다. 어떨 때에는 400개 가까이 공을 친단다.

배팅 과제에 관해서도 이케다 군은 당당하게 답한다.

"저는 장타를 거의 치지 않습니다."

"그럼 뭘 칩니까?"

"어쨌든 출루만 하면 되니까 그것 때문에 노력을 하는 겁니다."

"그래도 괜찮아요?"

"예. 제게는 볼넷이 2루까지 가는 것이나 다름없으니까요."

틈만 나면 달린다. 틈이 나지 않아도 왠지 달리고 싶다. 생각컨대, 야구는 공격을 하든 수비를 하든 모두 상대방에게서 공이 나와야 진행되는 경기다. 그런데 도루는 공이 오가지 않는 상황에 따르는 척 하고서는 그 틈을 헤집는 공격이다. 상대를 제압하기 위해 커뮤니케이션에도 합의한 척을 하는 것이다.

오늘

나는? 내가!

　　"비가 또 나리네……." 니시닛포리
역의 개표구를 나서자마자, 내 입에서 무심결에 나온 말이다.

　　비가 오면 운동장에서의 연습은 더 이상 할 수 없다. 매주 한 차례밖
에 하지 못하기 때문에, 그 훈련이 중지라도 되면 2주 동안은 허탕을 치
는 것이다. 학기말시험도 얼마 남지 않았고, 그 후에는 운동장 정비도
예정되어 있다. 그렇게 되면, 다음 훈련 일정은 대체 언제 잡히는 거지?

　　보통의 야구부라면 매일 훈련하기 때문에 선수들의 실력 향상을 가
까이서 빼놓지 않고 지켜볼 수 있다. 하지만 가이세이고의 경우는 선수
전원이 시행착오를 반복하고 있어서 실력 향상을 확인할 수 있는 방법
도 마땅치 않다. 그러니 선수들의 실력이 향상되지 않으면 어쩌나 걱정
이 드는 게 솔직한 심정이다. 과연 이래도 괜찮은가. 이렇게 해서 고시
엔에 갈 수나 있나. 나는 뭐랄까, 일말의 커다란 불안감을 숨길 수가 없
었다. 제 아무리 머리가 좋다고 해도, 이렇게 절대적으로 부족한 연습
량을 어떻게 극복한다는 건지.

비가 겨우 그쳤는데, 운동장에는 여기저기에 물기가 남아 있다. 결국 그 날의 훈련은 운동장 주변의 공터에서 스윙을 하는 것으로 대체되었다.

"오늘은 '빠른 스윙'을 철저하게 한다."

아오키 감독이 선수들을 불러 모아 지시를 했다. '빠른 스윙'은 말 그대로 빠르게 스윙하는 것이다. 빠르게 스윙하고 빠르게 원위치하고, 다시 빠르게 스윙한다. 10회 스윙이 1세트다. 각자 20세트, 즉 200회 스윙을 하는 게 이날의 배팅 훈련 내용이다.

아오키 감독이 먼저 잘못된 자세를 선수들에게 보여주었다.

"너희들의 스윙은 몸이 먼저 열린 채로 정면을 향한다. 그리고 여기부터 배트의 헤드(머리 부분)를 돌린다. 정면을 향해서 하나, 헤드를 돌려서 둘. 너희들은 이렇게 하나, 둘, 리듬으로 스윙을 하고 있다. 그렇게 하지 말라. 힘을 내는 국면은 한꺼번에 이루어진다. 몸을 여는 것과 동시에 헤드를 돌려야 한다. 결국 하나의 리듬으로 스윙해야 한다. 하나에 스윙, 하나에 원위치. 빨리 스윙하고 빨리 원위치해라. 알겠나?"

선수들은 고개를 끄덕이고는 한 손에 배트를 들고서 운동장 주변으로 흩어진다. 나는 아오키 감독에게 물었다.

"무슨 의미 있는 훈련인가요?"

감독이 머뭇거리지 않고 대답했다.

"스윙을 확실하게 하면 그 다음 이어지는 동작을 빠르게 할 수 있습

니다. 그런데 문제점이 있으면 스윙을 하는 과정에서 리듬이 깨지고, 어디선가 흐트러지게 됩니다. 상체와 하체가 따로 놀게 되는 거죠."

실제 선수들의 스윙 자세는 저마다 제각각이었다. 자세를 안정시키기 위해선지, 양발을 충분히 넓게 벌리고 무속인이 내주는 액막이 부적을 흔드는 것처럼 배트를 흔드는 선수도 있다. 그 모습을 보면, 투수 쪽 방향이 아니라 본인의 앞쪽을 향해서 배트를 흔들기 때문에, 대체 무엇을 치려고 하는지 도통 모르겠다. 스윙을 한 후로는 배트를 머리 위쪽으로 돌려서 원위치를 하기 때문에, 스윙을 하고 제자리를 잡기보다는 아예 배트를 돌리는 선수들도 있다. 그 중에는 마치 투포환 경기장에서의 해머를 던지는 자세를 하고서 배트를 반복해서 돌리면서 몸에 가까이 붙이고는, 점점 뒤로 넘어질 것 같은 자세를 취하는 선수도 있다. 아오키 감독이 말하는 것처럼, 스윙은 체중 이동에서 나온다. 투수를 향해서 자세를 취했을 때에 뒤쪽에 있는 발에 먼저 무게 중심을 두고, 스윙과 동시에 앞쪽에 있는 발로 무게 중심을 이동시켜야 한다. 스윙에서도 이런 무게 중심 이동이 기본이다. 가이세이고 선수들은 이동은커녕, 무게 중심을 배트로 이동시켜 배트를 움직이기보다는 오히려 배트에게 휘둘림을 당하는 것 같은 자세를 취하고 있는 것이다.

"배트 원위치가 너무 늦잖아!"

"그게 아니라고!"

아오키 감독의 고함이 운동장에서 쩌렁쩌렁 울린다.

"아직 멀었어!"

"더 빠르게 하지 못해!"

왠지 감독은 원위치가 늦는 것에만 신경을 쓰고 있다. 그런데 필요한 것은 그것보다는 스윙이 아닐까. 감독은 "늦어도 좋으니까 원위치를 빨리 하란 말이다!"라고 지시를 한다. 그러나 그것에 집중한 나머지 등을 돌려서 스윙하려는 선수도 있다.

"선수들이 왜 늦는 겁니까?"

"빨리 원위치한다는 것은 쓸데없는 동작을 하지 않는다는 것, 즉 스윙이 좋다는 것입니다. 원위치가 늦으면 그렇게 할 수 없습니다. 근데 학생들은 손만 제자리로 되돌리려고 합니다."

좋은 스윙이라면 빨리 원위치할 수 있다는 것이지만 빨리 원위치한다는 것은 좋은 스윙의 결과이다. 따라서 여기서 "빨리 원위치 해!"라는 지시는 인과관계가 서로 뒤바뀐 것이 아닐까.

아오키 감독의 말은 무슨 뜻일까. 내가 고개를 갸웃거리며 주변을 돌아보는데, 후루카와 나츠키 군(2학년)이 정말로 이해하기 힘든 스윙을 하고 있다. 그는 빠르게 원위치하기보다는 자기의 스윙을 차분하게 확인하면서 혼자서 묵묵히 훈련에 임하고 있다. 집에서도 공부하면서 중간 중간 쉬는 시간에 기분 전환을 겸해서 스윙 연습을 하기 때문에 스윙과 관련해서는 숙련되어 있겠지만, 후루카와 군은 스윙 후에 뒤쪽에 있는 발을 들어 올린다. 그 무릎은 오른쪽 팔꿈치에 닿을 정도다. 마치 축구에서 슈팅을 하고 난 뒤에 그대로 서 있는 듯한 자세를 보는 듯하다.

"뭐가 잘 안 돼요?"

후루카와 군에게 말을 걸자, 그가 얼굴을 붉히며, "아닙니다. 체중이 동이 말이죠"라고 중얼거린다.

"그게 왜요?"

"좀 더 힘을 주려고요. 전체의 중심을 앞쪽에 두는 것처럼요."

"그래도 오른쪽 다리가 들리잖아요."

"이거요? 이건 이미지예요."

"이미지요?"

"예. 이미지를 떠올리면서 체중 이동을 하는 거예요. 실제로 이렇게 스윙을 하진 않습니다."

배트를 휘두르는 훈련이 이미지를 또렷하게 만든다. 일종의 이미지 트레이닝이기도 하다. 선수들은 저마다 이미지를 떠올리며 배팅 훈련을 하고 있는 것이다. 마치 이어폰에서 나오는 음악을 들으면서 그것에 맞춰서 노래를 부르는 것 같다. 그래서 이상하게 보이기도 한다.

"숫자를 정하지 않고 되는대로 스윙을 하는 것도 중요합니다."

아오키 감독이 빠르게 원위치하는 것의 효용에 대해서 설명을 한다.

"학생들은 스윙을 진지하게 신중하게 중요하게 생각합니다. 잘 치려고 해서 긴장하는 것입니다. 보통이면 몇 천 번, 몇 만 번을 스윙하면 그 중에 한 번 정도는 제대로 된 게 있기 때문에 스스로 대범해집니다. 그렇게 해서 대담하게 스윙할 수가 있게 되는 겁니다."

게다가 그 수를 늘리다 보면 맞힌다는 것. 이렇게 한방이면 되는 것이다. 가이세이고의 야구는 매회 공격할 때마다 안타를 칠 필요는 없다. 경기 초반 한 번의 기회에서 총공세를 취한다. 타선이 단번에 폭발해서 대량득점을 얻어서 그대로 콜드게임 승리를 얻어내면 된다. 그 기회에서 치면 되는 것이다.

말하자면 일발승부다. 선수들이 입을 모아 말하듯이, "타격은 요령만 터득하면 칠 수 있는 것"이다. 그 요령이라는 것은 꾸준히 연습하다보면 어느 날 갑자기 얻게 되는 것으로, 그게 오늘일지도 모른다. 그도 아니면 시합 중에 상승세를 타고 나타나는 고조된 박자일지도 모른다.

내가 본 바로는, 주장 후지타 토모야 군(2학년)은 이미 요령을 파악했다. 그는 연습 경기에서도 거의 틀림없이 장타를 친다. 3루 수비를 맡고 있을 때에도 타석에서 빨리 치고 싶어 안달이 나 있을 정도이고, 왠지 항상 장타를 친다. '왠지'라는 것도 미묘한 뉘앙스를 지닌 표현이다. 후지타 군은 평소에도 미소를 잃지 않으며, 타석에 들어서도 부드러운 자세에서 공을 친다. 그런데 이 타구가 외야석을 넘어 날아가는 것이다. 후지타 군은 가이세이의 연습량이 "좋다"고 말했지만, 타구도 별 무리 없이 "좋다"는 느낌을 보는 이에게 주면서 날아간다.

오로지 타격의 쾌감을 추구하는 하야시 료타로 군(2학년)도 기대를 모으는 선수다. "수비가 전혀 안 돼요", "세밀함이 부족해요"라며 유일하게 풀 스윙을 고집하는 그는 요령을 떠올리면서 치기보다는, 치면서 "이렇게 하면 되겠네"라고 생각하는 것 같다. 그들은 연속 안타를 치고, 이케다 타쿠마 군(2학년)은 달린다. 어쨌거나 이케다 군은 내야 땅볼도 안타로 만드는 승부의 기운을 지닌 학생이다.

게다가 덧붙이면, 주전 투수인 사에키 켄타로 군(2학년)도 스윙이 안정된 선수다. 투구 내용은 제쳐두고, 그는 마운드에서의 자세가 안정적이다. 송진가루를 묻히고 손가락 끝을 부는 자세는 몸에 배어 있다. 설령 안타를 맞아도 이 동작은 어긋남이 없다. 가이세이고 야구부에게 중요한 것은, 안타를 맞지 않는 것보다는 스트라이크를 확실히 던지는 경기를 수행하는 것이다. 즉, 볼만 계속 던져서 경기 진행을 어렵게 하면 안 되는 것이다. 바꿔 말하면, 매너를 지켜야 하는 것이다. 바로 이 점에서라면 사에키 군은 거의 완벽에 가까운 에이스라고 해도 좋을 것이다. 그렇게 생각하면 조건은 이미 갖추어져 있는 게 아닌가. 본래의 상식을 뒤집는 것이 가이세이고 야구이기에, 상식적인 예측은 금물인 것이다.

야구도 진학도 단판 승부

"안녕하세요."

훈련이 끝나고 돌아오는 길에, 나는 후루야 토오루 군을 비롯한 3학년생들을 만났다. 그들은 여름 대회가 끝난 후에 야구부를 그만두고 대학 입시에 전념하고 있다. 나가에 유타카 군은 이전과 거의 변하지 않았는데, 다른 선수들은 머리를 길러서 그런지, 전혀 다른 사람으로 보였다. 내가 어느 대학을 지망하는지를 묻자, 후루야 군이 부끄러워하면서 이렇게 대답했다.

"도쿄대학이요. 그냥 그렇게 되더라고요."

듣자니, 3학년 학생 중에는 여섯 명 가운데 다섯 명 정도가 도쿄대학, 나머지 한 명이 교토대학을 지망한단다. 확실히는 모르겠지만 그 밖의 다른 대학에는 갈 생각이 없는 듯했고, 입시에 떨어지면 집에서 나올 각오로 공부에 전념한단다. 가이세이고 야구부 선수들은 대학 입시도 단판 승부의 자세로 임하는 것이다.

"공부할 때 컨디션은 어때요?"

"약간 초조해요. 여름 대회가 끝나고 학교로 돌아오면, 방과 후에는 아무도 없어요. 모두 공부하러 간 거죠."

말은 그렇게 해도 별로 초조해하지 않는 듯하다. 덧붙이면 후루야 군은 도쿄대학 문1계열로 진학해서, 장래에 변호사나 검사를 꿈꾼다.

"야구를 하는 게 공부에 영향을 미치긴 해요?

"야구가 공부에 도움이 된다고 생각합니다."

그가 힘주어 답한다.

"어떤 점에서요?"

"먼저 집중력에 도움이 됩니다. 타석에 들어설 때의 집중력을 시험볼 때에도 활용할 수 있습니다. 그리고 아오키 감독님의 '압력'이요. 항상 시합에서 '그런 걸로 부담을 느끼면 세상살이 어떻게 하겠나'라고 말씀하시잖아요. 그것을 떠올립니다. 대학 입시에서 긴장할 정도라면 큰일은 하기 어렵다는 말씀이죠. 그리고 저는 포수잖아요. 그러니까 시합에서처럼 전체적인 일진일퇴 같은 것을 머릿속에 그립니다. 입시 준비할 때에도 상황이 어떻게 바뀔지 모르니까, 여기가 막히면 다른 것을 한다든가 합니다. 항상 모든 과목에 주의를 기울이고 있습니다."

여전히 야구를 하고 있는 듯한 말투다.

"아, 그리고 학원에서 집으로 올 때요."

"무슨 뜻이에요?"

"학원에서 집으로 걸어오면서 타석에 들어섰던 때를 떠올립니다. 안타를 쳤을 때의 공 하나하나를 떠올려요. 어떤 때에는, 이 코스의 공을 쳤네, 저걸 치면 좋았다 라든가. 학원에서 집으로 올 때쯤에는 공부 생각을 하고 싶지 않기 때문에요. 근데 그게 아주 좋더라고요."

공격과 수비의 균형이 잘 어우러진 것 같아, 내 입에서 감탄사가 나왔다. 그러자 옆에 있던 나가에 군이 "후루야 군은 정말 대단한 학생입니다"라며 탄성을 지른다.

"저는 후루야 군과 달라서 한 가지밖에 안 되니까요."

야구에 집중하기 위해서 학원을 그만 둔 나가에 군도 도쿄대학 입시를 준비한다. "전혀 공부를 하지 않았다"는 그는 중학교의 교과서부터 공부를 다시 하고 있다고 했다.

"저는 역시 초반에 늦어서요. 마라톤 경기에서처럼 주변 선수들이 앞으로 먼저 가야, 그때서야 자극을 받아 뭔가 할 것 같은 기분이 들더라고요. 학원에서 공부를 열심히 하기보다는 이것도 그만하겠다고 생각해서 그만두었어요. 근데 지금은 오히려 공부를 하려고 노력하고 있습니다."

나가에 군의 성격은 모 아니면 도일까.

"근데 도쿄대학을 가려고요?"

"야구를 하려고요."

나가에 군이 주저하지 않고 답한다.

"다른 대학에서도 야구는 할 수 있지 않나요?"

"아니요. 도쿄대학 말고 다른 다섯 대학은 선수도 100명이 넘고, 야구 추천으로 들어가는 사람도 있잖아요. 역시 제가 활동할 수 있는 대학은 도쿄대학입니다. 도쿄대학에서 미국의 메이저리그로 진출할 겁니다. 저는 포기하지 않을 겁니다."

나가에 군은 하루도 빠지지 않고 스윙 연습을 한다. 그리고 매일 야구 꿈을 꾼단다.

"이번 주에는 두 번 꿨습니다."

"잠은 충분히 자요?"

내가 걱정하듯 묻자, 그가 고개를 크게 끄덕였다.

"너무 많이 자서 탈이죠. 하루에 아홉 시간은 잡니다."

얼굴색 하나 변하지 않고 아무렇지도 않은 표정이다.

"꿈도 꿔요?"

"그게요, 항상 타석에서 공을 치는 꿈을 꿉니다."

"예를 들면요?"

"그저께는 학교 테니스코트에서 야구를 하고 있는 꿈을 꿨어요. 인코스로 온 공을 받아쳤는데 홈런이 되더라고요. 그 전날 꿈에선 스윙이 좋지 않아서 중견수 앞 안타였고요."

나가에 군이 기분이 좋은 것 같다. 꿈에서지만 타율도 높은 것 같다. 야구부의 주장을 맡았던 다키구치 군도 야구하는 꿈을 자주 꾼단다. 그는 도쿄대학 이1계열을 준비하고 있다. 일단 도쿄대학에 들어가면 야구를 계속 하고 싶단다.

"저는 투수였지만 마운드에 서는 꿈을 꾸진 않습니다. 왠지 항상 타석에 들어서는 꿈을 자주 꿉니다."

가이세이고는 타격 중심의 야구를 한다. 꿈에서도 그렇게 한단 말인가.

"저는 야구보다는 아오키 감독님이 꿈에 나타납니다."

갑자기 말문을 연 학생은 그 역시 투수였던 오키 타쿠토 군이다. 그는 교토대학 이학부를 준비하고 있다. 장래의 꿈을 물으니 오키 군의 대답이 이랬다.

"지금까지는 고등학교에서 배운 과목밖에 알지 못하고, 아르바이트도 한 적이 없어서, 대학에 들어가서 다양한 경험을 한 후에 결정하고 싶습니다."

오키 군이 말을 잇는다.

"꿈에서 아오키 감독님께서 오사카까지 쫓아오시는 거예요. 그래서 죽을힘을 다해 감독님에게서 도망쳤어요."

실제 오키 군이 시합에 등판하면 아오키 감독이 벤치에서 고래고래 지르는 고함이 이랬다.

"투수처럼 하지 말라고 했지!"

"자연스럽게 던지란 말이다!"

"제구도 하지 말란 말이다! 잘하지도 못하잖아!"

마치 집안싸움을 보여주는 말들이었다. 이것이 꿈에 다시 나타난 것이다.

"처음에는 저도 풀이 많이 죽었습니다. 혼이 나면 정말 이 세상에 종말이라도 온 것처럼요. 하지만 감독님의 말씀은 논리적이거든요. 빈틈이 없다고 할까요. 이치에 맞지 않는 게 없잖아요. 그리고 감독님이 화를 내시는 것은 그 때 한 번으로 끝나요. 뒤끝 같은 것도 없고요. 다음에 어떻게 하면 좋을지도 정확하게 말씀해주시니까요."

가까이 있던 시라이 신이치로 군도 고개를 크게 끄덕인다. 남달리 연습을 열심히 하는데 타격이 좋지 않자 심각하게 절망했던 시라이 군은 도쿄대학 문1계열을 준비하는데, 장래 희망은 변호사다. 오키 군이 말을 이었다.

"대체로 저희들처럼 운동신경이 없는 사람들이 다른 경기를 하면 운동신경이 없는 게 완전히 드러나서 그 경기를 잘 할 수가 없다고 생각합니다. 하지만 야구는 다릅니다. 야구는 운동신경이 없으면 없는 대로 할 수가 있습니다. 공을 던지는 쪽이든 공을 치는 쪽이든, 충분히 생각할 시간이 있는 거죠. 철학을 하고 있는 것처럼 즐겁습니다."

"뭘 한다고요?"

"철학이요. 도겐 스님(道元, 1200~1253, 일본 조동종(曹洞宗)의 개조-옮긴이) 있잖습니까."

"도겐 선사요?"

"사실은 입시 준비를 하면서, 도겐 선사의 『정법안장』(正法眼藏 : 도겐이 1231년부터 입적하는 1253년에 이르는 기간에 걸쳐 집필한 불교사상서-옮긴이)을 읽으면서 불교에 관심을 가지게 되었습니다. 인간이 태어나는 의미, 인간의 삶과 죽음을 생각하는 것이 재미있더라고요. 야구도 이론을 자신의 것으로 만드는 것이 즐겁습니다. 도겐적으로요."

아오키 감독이 투수를 향해 고래고래 내지른, "투수처럼 하지 마라!"라는 선문답적인 고함이 영향을 미쳤던 것일까. 내가 오키 군에게 물었다.

"그래서 교토대학에 가려는 건가요?"

"절에 가고 싶습니다. 공부를 하면서 나는 왜 공부를 하고 있는가를 생각하곤 했는데, 역시 이런 문제를 탐구하는 데에는 불교가 딱 맞지 않나 싶습니다. 노벨상을 받은 유카와 히데키 박사(1907~1981, 일본의 물리학자. 교토대학 졸업, 중간자 존재를 예견해서 1949년 노벨물리학상 수상-옮긴이)도 자신은 불교로부터 도움을 받았다고도 했고요. 위대한 사람들 가운데 많은 이들이 불교를 추천하고 있기도 하잖아요. 어쨌든 저도 그걸 본받고 싶습니다."

공부로부터 해탈이라도 하고 싶은 건가. 내가 그런 생각을 하고 있는데, 나가에 군이 목청을 높였다.

"오키, 네가 그런다고? 와아, 시험이 사람까지 바꾸는구나."

그러자 후루야 군이 말한다.

"도겐은 교토가 아니라 후쿠이 출신일 걸."

게다가 곤도 군이 옆에서 말참견하듯이 껴든다.

"스티브 잡스는 선(禪)이라고 하던데."

이에 오키 군이 말한다.

"선은 불교니까 괜찮아."

그러자 곤도 군이 중얼거린다.

"근데, 신란은 진언종(眞言宗:중국의 밀교가 9세기경에 일본에 전해져 나타난 일본 불교의 한 종파로서, 구카이(空海, 774~835)가 개조-옮긴이)이지?"

갑자기 모두가 입을 다물었다. 이 모든 게 입시 과목인 일본사에서 암기해야 할 내용들인 것이다.

내가 신란(親鸞:1173~1262, 일본 가마쿠라 시대(1185~1333)의 불교 승려, 정토종(淨土宗)의 개조-옮긴이)은 정토종이라고 말하자, 곤도 군이 아차 하더니 바로 실수를 인정한다. 덧붙이면 곤도 군도 도쿄대학 문1계열을 지망하고 있다. 내가 곤도 군에게 물었다.

"앞으로 계획은요?"

"저는 포경[법학(法學), 호케이]입니다."

"포경(包莖, 호케이)요?"

내가 다시 묻자, 모두들 웃음을 참지 못한다. 곤도 군이 배꼽잡고 웃으며 말한다.

"그 포경 말고요. 법학이요."

그래서 내가 되물었다.

"곤도 군은 포경이 아니란 거네요."

3학년생들이 폭소를 터트린다. 가이세이고라고 해도 학생은 학생이

다. 지난 1년 동안 이들을 지켜봐온 나로서는 저 학생들의 전원 대학 합격을 바랄 뿐이다.

가능성의 가능성

춘계선발고교야구 대회는 매년 3월 고시엔에서 열린다. 그 대회에 출전하려면 전년도의 추계동경도고교야구 대회에서 우승(또는 준우승)을 해야만 한다. 가이세이고는 그 대회에서 1차 예선의 첫 번째 시합에서 일본대학부잔고에 10-1대로 졌기 때문에, 올해에는 출전하지 못했다. 그러면 다음 목표는 3월 17일부터 시작되는 춘계동경도고교야구 대회의 1차 예선이 된다. 아오키 감독에 따르면, 그 전에 치러야 할 연습 경기가 중요하고, 그 시합을 어떻게 치르는지가 이번 시즌 가이세이고의 운명을 가름한다고 했다. 여름 예선 대회에서 16강 진출의 성적을 거둔 팀들도, 이번 시기의 연습 경기부터 갑자기 우월한 실력을 자랑하면서 여름 대회를 맞이하는 듯했다. 고시엔으로 가는 길은 여름 연습 경기에서부터 시작하는 것이다.

"가장 좋은 것은 15-0으로 이기는 겁니다. 진다고 해도 15-12 정도랄까요. 어쨌거나 대량 득점을 하는 겁니다. 이긴다고 해도 2-1이나 2-0은 별로 기쁘지 않습니다."

아오키 감독의 말이다. '마치 본선의 첫째 날'이라는 생각으로 연습 경기에 임하는 것이다.

일요일 오전 9시. 가이세이고 운동장에 갔다.

"핫! 핫!"

"하나! 둘! 셋! 넷!"

힘찬 기운이 느껴지는 함성이 운동장에서 쩌렁쩌렁하게 울린다. 첫 경기 상대는 분쿄대학부속고이다. 소리는 오로지 분쿄대부고가 내고 있는데, 그들은 한데 모여서 준비운동을 한다. 2인1조가 되어 번트 훈련을 하기도 하고, 배트 2개를 들고서 스윙 연습도 한다. 정해진 내용에 따라 훈련을 하고 있는 것이다. 한편 가이세이고는 1학년생들이 조용히 운동장 정비를 하고 있고, 한쪽에서는 2학년생들이 캐치볼을 하고 있다. 어깨를 푸는 듯한 가벼운 캐치볼인데, 오랜만에 하는 시합인지, 폭투나 실책이 눈에 띈다. 선수들은 점프를 하거나 아니면 뛰거나 하면서 몸을 풀고 있다. 뒤로 빠트린 공을 쫓아갈 때도 맞바람을 즐기기라도 하듯이 느긋하게 달린다.

"언제까지 정비할 거야!"

아오키 감독이 고함을 질렀다. 1학년생들이 놀란 것 같다.

"누군가 '이쯤에서 그만하자'라고 말하면 안 돼? 그러면 '알았다'라든가 '아직은 아니다'라든가 이리저리 하면 되잖아. 그렇게 서로 말 좀 하면 안 되냐고. 아무 말도 하지 않으니까 정비가 언제 끝날지 모르잖아!"

그들은 경기 시작 시간도 잊은 채 운동장 정비에 정신줄을 놓고 있는 것이다.

"필요하거나 생각하는 게 있으면 말을 해, 말을. 소릴 지르란 말이야,

소리를! 소리를 들은 녀석은 반응을 보이라고! 야구 감독이 왜 그런 것까지 가르쳐야만 하냐고!"

우선 소리의 캐치볼이랄까. 어쨌거나 원점부터 스스로 생각하는 것이 가이세이고 야구부의 특징이다.

"집합!"

아오키 감독이 소릴 지르자, 선수들이 서둘러 뛰어 모여든다.

"우리 팀의 야구는 상승세를 타서 상대방을 꺾는 것이다. 치지 못해도 좋다. 과감하게 스윙을 해라 알겠나!"

"예!"

선수들이 기합을 지른다. 이어서 경기가 시작되었다. 헬멧을 쓴 주장 후지타 토모야 군에게 내가 소릴 쳤다.

"20-0입니다!"

아오키 감독은 15점이라고 말했지만 나는 거기에다 나의 기대를 더해 20점으로 한 것이다.

"믿어 주십시오."

나지막이 중얼거리는 후지타 군이다. 조용하지만 믿음이 가는 대답이었다.

1회 초 가이세이고의 공격. 선두 타자 이케다 군이 기습번트를 시도했다. 어쨌든 배트에 공을 맞혀서 출루를 노린 것인데, 두 번째 공부터는 크게 헛스윙을 하더니 삼진아웃된다. 배트는 공 근처에도 가지 못했지만, 과감하게 스윙을 하라는 감독의 지시 사항을 따른 것 같기도 하다. "좋아! 좋아!"라는 환호성도 들린다.

2번 타자인 후지타 군은 조금씩 뒤쪽으로 몸의 중심을 싣고, 투수가 공을 던짐과 동시에 한 쪽 발을 들어 보기 좋게 스윙을 한다. 그리고 다음 공을 중견수 쪽으로 쳤는데, 수비수가 실책해서 1루로 진루한다. 그러나 이어진 3번 타자 야기 군이 2루수 앞 땅볼로 병살타를 쳤다.

가이세이고의 공격은 4회까지 공격 일변도였다. 그 사이에 하야시 군이 중견수를 넘는 2루타를 쳤을 뿐, 다른 선수들은 거의 다 헛스윙으로 삼진아웃되었다.

"아무 생각 하지 마!"

"배트 중심에 맞히려고 하지 말라고!"

"힘껏 스윙하면 이겨!"

아오키 감독이 고함을 치고, 마침내는 "하고 싶은 대로 마음껏 스윙해!"라면서 선수를 타석에 내보냈다. 실제로 헛스윙을 반복했지만 득점과는 연결되지 않았다. 그러나 이상하게도 허공에 대고 마음껏 스윙을 계속하는 것만으로, 가이세이고 야구부에 기세 같은 것이 가득 채워지는 듯한 느낌이 전해지는 것이었다.

기회가 온 것은 5회 초였다. 선두 타자인 5번 오지마 케이스케 군(2학년)이 초구를 때려 우익수 앞에 떨어지는 안타를 쳤다. 계속해서 미야우치 아키라 군(2학년)이 2루수 앞 땅볼을 쳤지만 수비수의 실책으로 진루해서, 주자는 1루와 2루가 되었다. 투수인 사에키 군이 보내기번트에 성공. 거기에 8번 사이토 타카시 군(2학년)이 등장했다. 아오키 감독이 고함을 친다.

"과감하게 스윙해!"

"공이 가까이 오는 시간을 즐기면서 힘껏 휘둘러!"

사이토 군은 보기에도 힘이 들어간 스윙을 계속해서 한다. 게다가 바깥으로 흐르는 공에도 무리한 자세로 헛스윙을 하고는 삼진을 당한다. 그러나 헛스윙이 만들어내는 기운이 효과를 낸 것일까. 상대팀 포수가 공을 빠트려서 사토 군은 낫아웃 상태에서 1루까지 달린다. 동시에 오지마 군이 홈베이스로 달려들어 가이세이고가 1점을 먼저 뽑아냈다. 계속해서 9번 타자인 가와하라다 나오키 군(2학년)도 시원하게 스윙을 한 후에는 좌익수와 중견수 사이를 뚫는 안타를 쳐서, 다시 1점을 추가했다. 그러나 안타깝게도 사이토 군이 도루에 실패하고 1번 타자 이케다 군은 삼진아웃 당하면서 이닝이 종료되었다. 그렇게 대량득점으로까지는 연결되지 못했다.

"두세 점만으로는 상승세라고 할 수 없다."

아오키 감독이 큰소리를 쳤다. 5회 말 분쿄대부고는 2루타 두 개, 단타 두 개를 쳐서, 순식간에 2점을 얻었다. 그 후에 가이세이고는 후지타 군, 후루카와 군, 사이토 군 등이 단타를 치고 진루했지만 득점과는 연결되지 않았고, 양 팀은 동점으로 9회를 맞았다. 아오키 감독이 선수 전원을 집합시켰다.

"이건 보통 야구다. 괜찮은가? 우리는 1이닝에 10점을 얻는 야구를 하는 팀이다. 상대팀을 깜짝 놀라게 하는 이상한 야구를 한단 말이다!"

타석에 선 선수는 그날 안타를 치지 못해서 고개를 절레절레 흔드는 3번 타자 야기 군이었다. 확실히 그는 평소 때와 자세가 달랐다. 온몸이 왠지 굳어 보였고, 스윙은 어딘가 어색했다.

"허리 오른쪽을 돌리라고!"

아오키 감독이 지시를 내렸다. 그는 허리 오른쪽에 몸의 중심을 둔 채로 스윙했기 때문에 배트가 부드럽게 나가지 못했던 것이다. 허리 오른쪽을 앞으로 내밀라는 게 감독의 지적 사항이었다. 야기 군이 곧바로 감독의 지시를 파악했다. 그리고 보기에도 시원시원한 과감하고 큰 스윙으로 3루선상으로 뻗는, 파울이지만 통쾌한 공을 날려 보냈다. 그 다음 스윙에서는 일순간 공이 사라졌다. 야기 군이 친 공이 운동장에 쳐진 그물을 넘어 그 행방을 찾지 못할 정도의 어마어마한 홈런이 된 것이다.

과감한 스윙이었다. 몸 전체의 중심을 과감하게 앞으로 옮긴 다음, 공을 때리니 이렇게까지 멀리 공이 날아간 것이다.

"왔어! 왔어!"

떠나갈 듯 외치는 가이세이고 선수들이다. 전원이 큰 스윙을 반복한 결과가 이제야 가까스로 나오는 것 같았다. 감독이 외쳤다.

"자, 이번 공격에 10점이다!"

드디어 폭발하는가. 나도 모르게 자리에서 일어났다. 하지만 이어서 타석에 오른 하야시 군이 투수 앞 땅볼로 아웃되고, 오지마 군은 삼진 아웃을 당했다. 후루카와 군이 좌익수와 중견수 사이를 뚫는 2루타를

치고, 사에키 군은 볼넷으로 나갔다. 누상의 주자는 1루와 3루. 가이세이고에게 득점 기회가 온 것이다. 그러나 다다 데츠오 군(1학년)이 큰 스윙을 세 번 하더니 삼진아웃당하면서 공격이 끝나고 말았다.

경기 결과는 3-2로 가이세고의 승리. 시합의 분위기를 확 바꾼 끝에 얻어낸 승리였다. 양 팀 선수들이 홈베이스를 두고 양 옆으로 일렬로 서서 경례했다. 가이세이고 선수들은 묘한 얼굴 표정을 하고서 감독에게로 달려가 집합을 했다.

"음."

아오키 감독이 머뭇거렸다.

"오늘 시합은, 으음. 그런대로 합격점이다. 점수는 최저이지만, 음. 합격이다."

아오키 감독이 선수들을 칭찬했다. 생각해보니, 처음 듣는 말 같았다.

"과감하게 스윙을 한 것을 높이 평가하겠다. 앞으로도 정확하게 하겠다는 생각은 집어 치워라. 하체를 대담하게 사용할 수 있도록 연습을 해라. 알겠나?"

선수들이 고개를 끄덕였다.

"이 다음의 경기부터는 모두 승리다. 시합에서 실제로 10점, 15점을 얻지 못하더라도 지금만 같다면 나쁘지 않다고 생각한다."

선수들은 운동장으로 흩어져서 스윙 연습에 들어갔다. 30분 후에는 다른 운동부원들이 운동장을 사용하기 때문이다. 그때까지만이라도 막간을 이용해서 스윙 연습을 하는 것이다.

"올 시즌 전망을 어떻게 보십니까?"

아오키 감독에게 조용히 물었다.

감독은 웃으며 말했다.

"장타를 칠 가능성이 있는 타격 자세가 많아졌습니다."

으음. 이건 뭔 말이지. 나는 감독의 말을 이해하지 못했다. 장타가 나오는 타격 자세가 아니라 "장타를 칠 가능성이 있는 타격 자세." 대량득점은 못했지만 '대량득점으로 이어지는 가능성이 생겼다'는 것. 그 어느 쪽이든 현실이 아닌 가능성의 문제다. 아오키 감독의 표현을 빌려 말한다면, 감독은, '장타를 칠 가능성이 있는 타격 자세가 나올 가능성'을 말하고 있는 것이다. 즉, 가능성의 가능성. 가능성에다 또 가능성을 따지니까, 확률로 치면 더 낮아질 것이다. 하지만 어떤 맥락에서든지 그 '가능성'을 끌어올리는 게 '교육'이라는 것일지 모른다.

나 아니면 안 돼

새삼스럽게 나는 아오키 감독의 야구 경력에서 '가설과 검증'을 알고 싶었다. 그가 야구를 시작했던 때는 초등학교 5학년이었다. 포지션은 외야수. 그 후로 계속 외야수였다는데, "실력이 모자랐기 때문에 외야수"였다고 한다.

"타격은 어땠습니까?"

감독이 고개를 내젓는다.

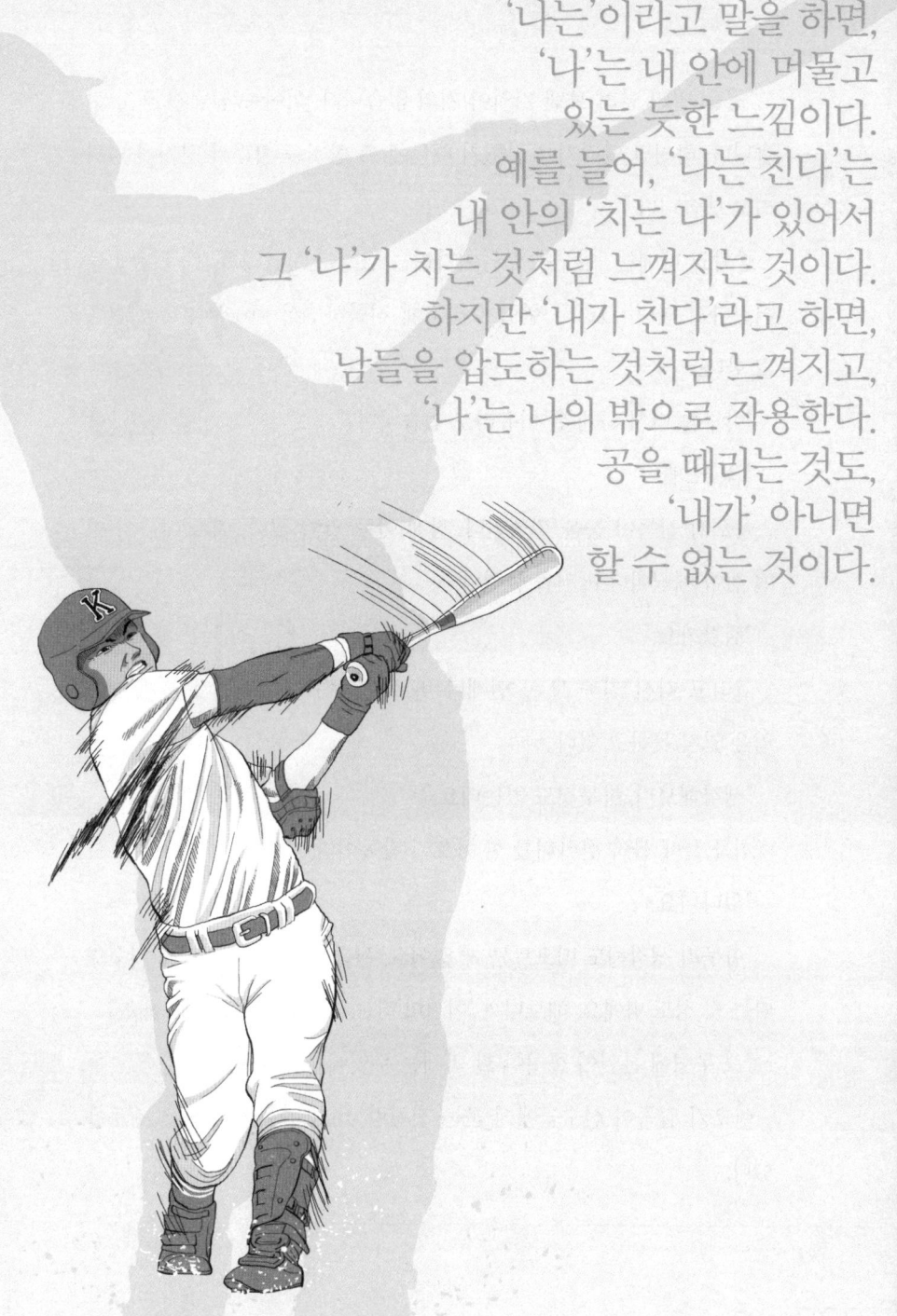

'나는'이라고 말을 하면,
'나'는 내 안에 머물고
있는 듯한 느낌이다.
예를 들어, '나는 친다'는
내 안의 '치는 나'가 있어서
그 '나'가 치는 것처럼 느껴지는 것이다.
하지만 '내가 친다'라고 하면,
남들을 압도하는 것처럼 느껴지고,
'나'는 나의 밖으로 작용한다.
공을 때리는 것도,
'내가' 아니면
할 수 없는 것이다.

"공을 멀리 날려 보낸 기억이 거의 없습니다. 외야수를 넘긴 적도 없습니다. 하지만 달리기를 잘했기 때문에 그 장기를 살려서 경기에 임하려고 했습니다."

중학교 때에는 "야구부에 들어가려는 경쟁이 치열해서" 배구부에 들어갔다고 한다. 그러나 현립 오타고에 진학하고서 야구부에 들어갔다고 한다.

"야구를 다시 하게 된 이유라도 있습니까?"

"음, 그게."

아오키 감독이 눈을 껌뻑인다. 잠시 아무 말이 없다. 내가 야구의 어떤 점이 매력이냐고 거듭 물었다.

"뭐랄까요."

그리고 다시 침묵 모드. 언제나 바로 대답하는 감독답지 않게 쉽게 입을 열지 못하고 있다.

"생각해보니, 아무것도 없는데요."

침묵 끝에 불쑥 한마디를 한 아오키 감독이다.

"없다니요?"

"아무리 생각해도 떠오르는 게 없어요. 처음에 흥미를 느낀 게 야구였다는 것 정도 밖에요. 해보니까 '이거다'라는 느낌이었다고나 할까요."

"그 무렵에 본인이 풀어야 할 과제는 무엇이었습니까?"

아오키 감독이 선수들에게 묻는 것처럼, 내가 감독에게 같은 질문을 했다.

"어떻게 하면 팀에 보탬이 될 수 있을까를 생각했습니다. 구체적으로는 보내기번트, 드래그번트 등을 철저하게 연습했습니다."

"과감한 스윙을 하진 않았던 거군요."

"그렇습니다. 지금과는 전혀 다른 스타일이었습니다."

오타고등학교는 군마 현의 지역 예선 대회에서 16강에까지 진출한 적이 있었다. 그런데 그 무렵에는 군마 현에서는 시합에서 두 번만 이겨도 16강에 오를 수 있었다고 한다. 그 이전에는 이 같은 성적을 거둔 적이 없었다. 고교 졸업 후에 그는 재수를 했는데 어차피 재수를 할 바에야 좋은 대학을 지망해야겠다고 생각해서 도쿄대학을 지원했다고 한다. 그리고 그 무렵에 다시 야구를 하고 싶다는 마음이 들었다고 했다.

"도쿄 6대학 연맹전에서 저의 힘을 보여주고 싶다는 생각을 했습니다. 그런데 야구부에 들어가자마자 제 쓰임새가 없다는 것을 알게 되었습니다. 공을 치질 못하니 주전 명단에 오르지도 못하게 된 겁니다. 어쨌거나 다른 다섯 대학의 주전 투수를 마운드에서 끌어내릴 정도의 타력은 가져야 한다고 생각했습니다. 번트밖에 할 수 없는 선수는 주전으로 기용되지 않으니까요."

아오키 감독은 그래서 입학한 해의 가을부터 선수를 그만두고, 야구부의 주무가 되었다. 사실 아오키 감독 자신은 정작 과감한 스윙을 하지 못했던 것이다. 바로 그 때문에 그것을 고집하고 있는지도 모른다.

"팀에 공헌한다는 것이 인간의 본능은 아니라고 생각합니다."

"무슨 말씀입니까?"

"과감하게 스윙해서 공을 멀리 보낸다. 이게 가장 기분 좋은 겁니다. 학생들은 운동장에서 본능적으로 대담해져서 좋은 것인데, 그들은 그 것을 억압하다시피 하더라고요. 저는 그런 걸 보면 본능적으로 참을 수 가 없습니다. 예를 들어 실수를 하더라도, 괜찮다며 서로가 파이팅을 하면 제가 화를 낼 이유도 없는 겁니다. 구김살 없이 거리낌 없이 자유 롭게 미쳐 날뛰는 듯한 팀을 만들고 싶은 겁니다. 야구에서는 '나 아니 면 안 돼'라는 생각이 좋은 겁니다."

내가 공격하고, 내가 수비한다. 그날 홈런을 친 야기 군의 스윙을 떠 올리니, 확실히 '나야, 나'라는 기백이 들어 있는 것처럼 느껴졌다. 그러 고 보니 선수들은 언제나 '내가'가 아닌 '나는'이라며 말을 했다. 이를테 면 이런 말투였다.

"나는 ○○○합니다."

"나의 과제는 ×××입니다."

새삼스럽지만 생각해보니, '나는'이라고 말을 하면, '나'는 내 안에 머 물고 있는 듯한 느낌이다. 예를 들어, '나는 친다'는 내 안의 '치는 나'가 있어서 그 '나'가 치는 것처럼 느껴지는 것이다. 하지만 '내가 친다'라고 하면, 남들을 압도하는 것처럼 느껴지고, '나'는 나의 밖으로 작용한다. 공을 때리는 것도, '내가' 아니면 할 수 없는 것이다.

"선수들은 '내 자신이 주인공'이라는 생각을 하는 게 좋습니다. 어른 이 되고나서의 승부는 대담하게 할 수 없는 경우가 대부분입니다. 그렇 기 때문에 지금이야말로 그렇게 할 수 있는 때입니다."

아오키 감독은 자신이 이루지 못한 것을 선수들을 통해서 이루려 하고 있는 것이다.

가이세이고 야구부가 고시엔에 간다.

'(나)는'이 아닌 '(내)가'의 승부. 덧붙이면, '가'를 사용하는 문장은 '설명문'으로서, 현상을 객관적으로 묘사한 글이다. 그런데 내가 일에 그것을 적용하니 강한 의지가 느껴진다. 그것은 야구를 하나의 '물리 현상'으로 파악하는 가이세이고에 딱 맞는 표현인데다가, 또한 그것은 일본어 문법에서도 중요한 핵심 사항이지 않은가. 저들 가이세이고 학생들에게도 이 점을 설명해줘야겠다고 생각하면서 연습 경기 후 이어지는 가이세이고 선수들의 타격 연습을 보고 있는데, 학생들이 우렁찬 기합 소리와 함께 계속해서 장타를 쳐대기 시작했다. 나는 잠시 내 눈을 의심하지 않을 수 없었다.

끝나기 전까진
끝난 게 아니다

　"다카하시 선생님께서 오시는 날에
는 선수들이 기합을 엄청 넣습니다. 꼴불견 시합을 보여주기 싫어서 말
입니다."

　어느 선수가 이런 말을 했는데, 나는 2012년 여름 동동경 예선 대회
를 보러 갈지 말지를 고민했다. 그때까지의 가이세이고 시합도 선수들
이 엄청 기합을 넣기 때문에 몸이 경직되어서 진 것은 아닌지……. 실
제로 연습 경기에서도 내가 취재를 가면, 왠지 가이세이고는 시합에서
질 때가 더 많았다. 내가 관람하지 않은 경기에 한해서, "시합 내용이
좋았다"고 아오키 감독이 내게 알려줘서, 기대를 품고 다음 경기를 직
접 보러 가면 가이세이고가 꼭 지는 것이었다. 돌이켜 보면, 나는 사사
건건 선수들에게 가까이 가서는 "별일 없어요?"라고 물었다. 그리고 연
재하는 잡지에다 그들과 주고받은 내용을 실명으로 고스란히 실었다.
그들은 학업 성적이 우수한 고등학생이다. 그런 그들이 그 우수함 때문
이랄까, 잡지에 연재된 기사를 확실히 읽고 이해하고서는 문장에 나타

난 본인의 모습을 두고, '내가 진짜로 이렇단 말인가?'라며 따져가면서 되짚으려고 한 것은 아닐까. 가이세이고의 이론에는 이론으로 대응할 수밖에 없지만, 그들은 평소의 논리적인 말에다 그 이론까지 더해 압축하려는 인상까지 주는 것이었다.

"스윙할 때에 어려운 것은 공이 앞에서 오기 때문"(이나즈미 요시히코 군)이라는 것도 그 한 예다. 가이세이고 선수들은 아무리 해도 어찌할 도리가 없는 근본적인 문제로 빠져들기라도 한 걸까.

고시엔 출전권이 걸린 중요한 승부. 미신이겠지만 영험함을 믿는다는 의미에서라도 나는 경기 참관을 하지 않기로 결심했다. 그러자 가이세이고가 첫 번째 시합(2회전)에서 도립 고마스카와고에 7-4로 승리했고, 3회전에 올라서는 고쿠가쿠인학원을 5-4로 물리치고, 32강(148개교 참가)에 오르는 성과를 올린 것이다.

정말?

나는 믿을 수가 없었다. 아오키 감독도 말했지만, 고등학교 학생들은 어느 날 갑자기 공을 잘 치기도 한다. 2학년이 순식간에 3학년이 되었는데, 그들이 어느새 강타자로도 거듭났던 것이다. 어떤 연유로 그런 일이 나타난 것일까. 어쨌거나 다음 경기는 강팀인 일본대학제1고와의 시합이다. '강팀 격파'는 가이세이고가 지향하는 바가 아닌가. 이 시합에서 이기면 드디어 16강이다.

2012년 7월 17일 낮 12시.

멀리서 보면 괜찮을 것이라고 생각한 나는 아무에게도 알리지 않고

신궁 제2구장에 갔다.

바로 전 경기가 예정보다 오래 진행되고 있었기 때문에 그 관객들 사이에 섞여 계단에 앉아 있는데, 가이세이고 졸업생들이 관중석으로 하나둘 모여들기 시작했다. 그들은 졸업생 모임을 조직해서 예산이 적은 야구부에 배팅머신을 기증하기도 하는 등 지원을 아끼지 않았다.

고시엔이 눈앞에

"우리들이 가이세이고에 다닐 때에는 시합에서 한 번도 이긴 적이 없었습니다. 이길 생각도 하질 못했습니다. 상대팀 학교의 이름만 듣고도 이기긴 어렵겠다고 생각했기 때문에, '이름에 졌다'고나 할까요."

가이세이고 졸업생 모임 회장인 한다 스네아키 씨(1973년 졸업, 다이야밍크(주) 대표이사 사장)가 한 말이다. 그에 따르면, 가이세이고 야구부가 생긴 때는 제2차 세계대전이 끝나고 얼마 되지 않은 1945년 즈음이다. 그러니까 가이세이고 야구부의 역사는 60년의 전통을 가지고 있는 것이다. 1999년 아오키 감독이 취임하기 전까지는 졸업생 중에서 선발된 대학생이 대대로 가이세이고의 감독직을 맡아왔다고 한다. 공식 시합에서 이긴 것도 4, 5년에 한 번 꼴. 여름 예선 대회에서도 고시엔 출전은 커녕 1회전 승리가 목표였다고 한다.

"훈련은 했습니까?"

"주 2회 했습니다. 그런데 여하튼 이상하게 실력이 안 좋았습니다. 내야 땅볼은 모두 실책을 범해서 상대팀에게 안타를 내주었습니다. 수비할 때에 땅볼은 온몸을 글로브라고 생각하고 몸으로 받으라고 했습니다. 진짜로 몸으로 공을 받아서 뼈에 금이 간 학생도 있었을 정도였습니다."

가이세이고의 전설과도 같은 실책의 전통이다. 야구부에서 포수를 맡았다는 한다 씨는 3학년 때에는 선수 부족으로 투수로 마운드에도 올랐는데, 상대팀에게 볼넷을 스물일곱 개를 내주었단다. 그런데 체력 훈련에는 열심이어서 한 주에 3일은 근력 훈련을 했단다. 또한 스윙은 하루도 빠지지 않고 300회를 했단다. 그 무렵 시내에서는 학생들의 시위가 극성이었는데, 가이세이고는 그에 전혀 영향을 받지 않았으며, 교내에서는 시위 전단지 한 장도 눈에 띄지 않았다고 한다. 어쨌거나 학생운동보다는 전통행사인 운동회가 중요했고, 공권력 체제 흔들기보다는 운동회에서의 '장대 눕히기'에 열중이었던 것이다.

"타격은 어땠습니까?"

"배트에 공을 정확히 맞혀서 2루수를 넘기는 게 목표였습니다. 번트로 주자를 진루시키고 내야수와 외야수 사이에 떨어지는, 일명 텍사스 히트를 쳐서 선취점을 얻고, 끝까지 점수 차이를 지켜서 시합에서 이기는 작전으로 경기를 운영했습니다. 하지만 경기에 따라서는 선수 전원이 번트 수비만 했어요. 근데 공 세 개만 잡았습니다. 그것도 모두 파울이었지만요."

"수비를 그렇게 못하는데 수비 야구를 했다는 말씀인가요?"

"그러네요. 그러니까 아오키 감독의 생각이 맞는 겁니다. 사실 이기려면 타격이 좋아야 합니다. 그래야 실력이 부족한 팀이라고 하더라도 이길 수가 있습니다. 야구에는 행운이라는 게 있습니다."

한다 씨가 딱 잘라 말한다.

"행운이라니요?"

"야구는 둥근 공을 표면이 둥근 배트로 치는 경기입니다. 테니스나 배드민턴 같은 경기는 평면의 라켓이 둥근 공을 칩니다. 근데 야구에서는 둥근 면과 둥근 면이 만나는 거죠. 따라서 어디로 날아갈지를 모릅니다. 아주 조금만 어긋나도 전혀 다른 쪽으로 날아갑니다. 그 미묘한 차이. 어차피 이기지 못할 거라면, 과감하게 스윙이라도 해보는 겁니다. 힘으로 행운을 가져오는 거죠. 고시엔이라고 해도 보통 때였다면 안 됐을 겁니다. 하지만 지금 팀이라면 어떻게 해볼 가능성이 있다고 생각합니다."

졸업생들 사이에서도 처음에는 "어떻게 이기느냐"는 냉랭한 분위기가 있었지만, 얼마 지나지 않아 "이길지도 모른다" 또는 "지긴 왜 져?"라는 소리가 점점 높아지고 있다는 것이다.

"예를 들어, 경기에 진다고 해도 그 좌절감이 중요한 것입니다. 지금은 가이세이고에 입학한 것만으로도 선수들이 성취감을 느끼는 것 같습니다. 그리고 도쿄대학에 입학하면 다른 사람들보다 우위에 서 있다는 의식이 어떻게든 생기는 경우가 많습니다. 따라서 사실 일반 직장인 쪽으로는 본인들의 장래를 생각하지 않습니다. 하지만 야구는 학교 명성이 아니라 운동장에서 벌어지는 게 전부입니다. 그러니 선수들은 운동장에서 벌이는 시합을 통해서 좌절감을 느낄 수밖에 없을 것입니다."

한다 씨는 가이세이고를 졸업하고 재수해서 도쿄대학 문2계열에 합격했다. 도쿄대학에서도 야구부 소속이었고 졸업 후에는 미쓰비시제지 하치노헤(八戸)에 야구선수로 입사했다. 사회인 야구를 하면서 동북 지역 대회에서 준우승을 한 빛나는 경험도 있다는데, 입사 6년 차에 야구선수를 그만두고 도쿄의 본사로 근무지를 옮겼다고 한다. 그 후에 한다 씨는 미국 뉴욕 지점 근무를 거쳐서 지금의 자회사 사장으로 취임했다고 한다.

"저는 야구 덕분에 정직한 삶을 살 수 있었습니다. 인내력, 기백, 그리고 우직스럽게 꾸준히 하는 것 등 말이죠. 꾸준히 하면 어느 날 갑자기 힘을 발휘해서 공을 멀리 날려 보낼 수가 있습니다. 스윙도 하루도 빼놓지 않고 반복 훈련을 계속하게 되면, 그 궤도가 일정하게 됩니다. 자세가 아무리 이상해도 같은 곳을 지나게 되면 공을 맞힐 확률이 높아지지 않겠습니까. 바로 이런 점을 후배들도 깨달았으면 좋겠습니다."

"고시엔에 갈 수 있겠습니까?"

내가 생각을 강요하다시피 했다.

"가능성은 높습니다."

한다 씨가 잘라 말했다.

"어느 정도로요?"

한다 씨가 진지한 얼굴을 하고는 대답했다.

"도쿄대학이 6대학 야구 연맹전에서 우승하는 것보다 가이세이고가 고시엔에 출전하는 일이 먼저 일어날 확률이 높습니다."

뭔가 미묘함이 느껴지는 가능성이다. 하지만 가능성이 낮은 것을 극복하는 것만으로도 값진 경험이다. 적어도 이전보다 고시엔이 가까워지고 있다는 것만은 확실하다.

어느새 시합이!

운동장에 아홉 명의 가이세이고 선수가 뛰어 들어오고 있다. 그 모습이 산만하다. 하지만 약동하는 기운을 뿜어내면서 달린다. 하늘에서는 태양이 작렬하고 있고, 운동장에서는 선수들이 빛을 발하고 있다. 내 기분 탓일까. 선수들의 몸도 단단해 보였다. 일본대학제1고와 비교해도 전혀 부족함이 느껴지지 않는다.

시합 전의 훈련. 1학년이 타석에 들어서 공을 높이 올리는데 갑자기 점프를 한다. 관중석에서 어이없다는 듯 웃음이 터져 나왔다. 그런데 이것은 가이세이고 선수들에게는 고난과 불행을 미연에 방지하는 관습적인 통과의례와도 같은 것이다. 실제로 가이세이고 선수들은 공을 받는 훈련에서 실책을 거의 하지 않았다. 관중석에서 보기에는 그 모습이 어설퍼 보였지만, 아무튼 그들은 시합 전 몸을 푸는 연습에서 웬만해선 공을 놓치지 않았다. 외야수가 뜬공을 잡자 나는 무심결에 자리에서 벌떡 일어나 소리치며 만세를 불렀다.

"좋아! 좋아! 그거야! 그거!"

파인플레이나 홈런으로 보는 이에게 감동을 주는 야구 경기는 많이 있다. 하지만 가이세이고의 야구를 보면 나는 당연하게 여겨지는 것을 제대로 하려는 자세에 감명을 받는다. 공이 오면 정확히 잡아서 던진다. 단순한 훈련이라도 공 하나하나에 눈을 뗄 수 없게 만드는 것이 가이세이고의 야구다.

가이세이고의 선공으로 경기가 시작되었다. 1번 타자 야기 군(3학년)이 3루수 앞으로 강한 땅볼을 쳤는데, 수비수의 실책으로 1루에 진루했다. 1회부터 기회가 왔다고 생각하는데, 2번 타자 후지타 군(3학년)이 투수 앞 땅볼로 병살타를 쳤다. 이어지는 3번 타자 미야우치 군(3학년)도 2루수 앞 땅볼을 쳤다. 이것으로 공격 끝.

아쉽지만 그런대로 괜찮은 분위기다. 세 선수 모두 '좋은 공은 절대로 그냥 보내지 않는다'는 기백이 느껴지는 스윙을 했다. 공이 오는 코스를 확실히 파악했을까.

가이세이고의 선발 투수는 사에키 군(3학년)이다. 처음부터 세트포지션을 한다. 누상에 주자라도 둔 자세에서 진지하게 공을 던진다.

일본대학제1고의 선두 타자가 2루수 뜬공으로 아웃됐다. 3루 쪽 관중석에서는 마치 시합에서 다 이기기라도 한 듯 커다란 환호성이 터져 나왔다. 어쩌면 가이세이고가 이번에 무슨 일을 저지를지도 모른다는 예감이 들었다.

나는, 만약 가이세이고가 이긴다면 사에키 군이 전국에서 내로라하

는 일급 투수로서 주목을 받게 되고, 그렇게 되면 그의 부모님이 염려하지 않을까 하는 데에까지 생각이 미쳤다. 그런데 2번 타자에게 안타를 맞고, 이어서 볼넷과 2루타를 맞아 순식간에 일본대학제1고에게 2점을 내주었다.

위기라면 위기인 상황. 그러나 사에키 군이 나머지 두 선수를 모두 삼진아웃시켰다. 본인이 초래한 위기를 본인이 제압한 것이다. 누상에 주자가 있으면 집요하게 견제구를 던져 그를 누상에 묶어 두었고, 믿기 힘든 호투를 해서 사에키 군은 그 후 4회까지 무실점으로 상대팀의 공격을 막아냈다.

가이세이고 타자들은 타석에 들어서서는 거의 대부분이 초구부터 과감한 스윙을 했다. 2회와 3회에는 각각 삼진과 내야 땅볼로 삼자범퇴했다. 그러나 4회에는 후지타 군이 좌익수를 넘기는 안타를 치면서, 조금씩 폭발에 가까운 조짐이 나타나는 듯했다.

그리고 2-0에서 뒤진 상황에서 5회 말. 일본대학제1고는 가이세이고의 실책으로 2명이 누상에 출루하고 스퀴즈 작전을 펴서 1점을 더 얻었고, 여기에 2루타, 2루타, 단타, 2루타 등을 쳐서, 모두 7점을 얻었다.

이는 가이세이고의 시합에서는 곧잘 있는 장면이라서 그런지, 가이세이고 선수들에게서 동요하는 모습은 없었다. 투수가 사이토 군(3학년)으로 바뀌었다.

갑자기 안타를 맞았지만, 안타를 허용했다는 것은 던진 공이 스트라이크성일 경우라야 일어나는 것이다. 이것은 가이세이고 투수에게 필요충분조건인 것이다.

그것만으로 좋은 사이토 군이다.

나는 중얼거렸다. 사이토 군의 느긋한 자세에서 나오는, 갈수록 더 느려지는 공으로 빠른 공에 익숙한 일본대학제1고가 농락당하리라는 생각을 했다. 그런데 어찌된 영문인지, 일본대학제1고 선수들이 운동장으로 나와 정렬을 하기 시작했다. 난 내 눈을 의심했다.

대체 무슨 일이 일어난 것일까.

그것으로 시합이 종료되었다. 누상에 나가 있던 일본대학제1고의 주자가 안타로 득점하는 바람에 양 팀의 점수 차가 10점이 되었고, 시합은 그대로 콜드게임이 되었던 것이다.

나는 뜻밖의 결과에 할 말을 잃었다. 아직 투아웃이고 가이세이고는 수비를 하고 있지 않은가. 기대를 모은 후루카와 군(3학년)은 아직 타석에 들어서지도 않았는데 말이다. 진짜 승부는 지금부터가 아니란 말인가.

경기가 갑자기 중단돼서, 시합이 끝났다는 기분이 들지도 않았다. 아마 6회 아니면 7회 정도에서 가이세이고의 타선이 터질 것이 분명했다. 10점을 빼앗겼다면 상대방은 방심하게 될 것이고, 그 틈을 타서 가이세이고가 분위기를 혼란스럽게 만든다. 그리고 이른바 북새통 전법으로 상승세를 타서 25점을 내버리는 게 가이세이고의 야구다. 10점 정도 빼앗기고 나면 그들은 눈에 불을 켜고 시합에 임할 것이다. 그러니 지금이야말로 절호의 찬스가 아니고 뭐란 말인가. 억울한 게 아니다. 안타까울 뿐이다. 말로만 그런 게 아니라 진짜로 안타깝다.

끝나지 않았다!

시합이 끝나고 가이세이고 선수들이 나를 보면 혹시나 무안해 하지는 않을까 생각이 들어 선수단이 있는 곳을 피해 조용히 경기장을 나왔다.

올해 가이세이고의 고시엔 도전기는 이렇게 콜드게임으로 끝나는 구나…… 나도 모르게 힘없이 주절거렸다. 나의 가이세이고 탐방 연재도 이것으로 마무리해야겠지…….

'끝' '마무리' 같은 단어가 머릿속에서 나를 흔들었다. 지금 이 순간 그 단어들을 용납할 수 없었기 때문이다. 그리고 문득 야구 역사상 가장 유명한 한마디가 나를 전율케 했다.

"끝나기 전까진 끝난 게 아니다!"

미국 메이저리그의 전설 요기 베라가 감독 시절 한 말이다. 요기 베라! 그는 1950년대 뉴욕 양키즈의 명포수이자 강타자였고 무엇보다 그 라운드 안에서 아홉 명의 정신적 지주였다. 당시 양키즈가 3년 연속 월드 시리즈를 제패할 수 있었던 원동력은 바로 요기 베라였음은 움직일 수 없는 사실이다. 이를 증명하듯 요기 베라는 두 차례 연속 페넌트레이스 MVP를 차지했다. 선수 생활을 마친 뒤 그는 곧바로 양키즈의 감독으로 부임해 미국 야구계를 뒤흔들었고, 감독 부임 첫 해에 양키즈를 월드 시리즈까지 이끌어 또 한 번 세상을 놀라게 했다. 비록 우승까진 해내지 못했지만 초짜 감독으로서는 엄청난 일이었다. 하지만 그는 곧바로 감독직에서 해고됐다. 어처구니없을 만큼 가혹한 해고였다. 이후 요기 베라는 우여곡절 끝에 양키즈의 지역 라이벌이자 앙숙인 뉴욕 메츠의 감독직에 올랐다. 영문을 모르는 양키즈 팬들로선 충격이었고 배신이었다.

메츠에서의 성적은 처음부터 신통치 않았다. 팀은 시즌 중반까지 하위권을 벗어나지 못했다. 그날도 메츠는 경기에서 큰 점수로 패했고, 경기가 끝난 뒤 요기 베라를 향한 기자들의 질문은 신랄했다. 그리고 어떤 기자가 의미 없이 던진 마지막 질문에, 야구 역사상 최고의 명언이 요기 베라의 입에서 나왔다.

"감독님, 다음 거취는 생각하고 계신건가요?"

기자는 메츠의 구단주를 대신해서 요기 베라에게 해고의 통보를 하듯 물었다.

"다음 거취? 끝나기 전까진 끝난 게 아니오!"

"네?"

기자가 한 대 얻어맞은 듯 멍하니 되물었고, 그 순간 주위에는 시간이 '정지'된 듯 한동안 침묵이 흘렀다. 그리고 요기 베라의 그 말은 9회말 아웃카운트가 세 번 채워지기도 전에 일찌감치 포기해 버리는 세상의 모든 야구인들의 성급한 좌절을 '정지'시켰다.

끝나기 전까진 끝난 게 아니다! 야구에는 바로 '9회말 투아웃 쓰리-투 풀카운트' 이후 단 한 번의 카운트가 어김없이 기다리고 있기 때문이다. 마지막 그 카운트가 끝나야 비로소 끝나는 것이다.

9회말 투아웃 쓰리-투 풀카운트에서의 마지막 카운트는 어떤 이들

에게는 시작의 카운트다! 가이세이고 야구부원들은 어쩌면 9회말 투아웃 쓰리-투 풀카운트에서 새로운 시작을 맞이하고 있는지도 모른다. 그곳에서 그들은 여전히 파울 타구를 쳐내고 있다. '희망의 파울' 말이다. 스스로 포기하지 않는 한 그들의 파울 타구는 계속될 것이다.

가이세이고의 야구는, 아직 끝나지 않았다! 그들이 친 파울 타구가 하늘 높이 그라운드 밖으로 날아간다. 하늘은 구름 한 점 없이 파랗다.

볼넷? 이건 뭐죠?

이 자리를 빌려서 취재에 협조해주신 모든 분들, 가이세이학원 관계자, 아오키 히데오 감독님, 야구부 선수들, 그리고 학생 취재를 허락해주신 학부형 여러분 모두에게 감사의 말씀을 드립니다. 이 책은 여러분의 훈훈하고 따뜻한 도움이 없었더라면 세상에 나올 수 없었을 겁니다. 거듭 진심어린 감사의 뜻을 전합니다.

이 책의 취재는 야구부 활동이 진행되는 시간 내에서 이루어졌습니다. 취재한답시고, 가뜩이나 부족한 훈련 시간을 방해한 것에 대해서는 뭐라 드릴 말씀이 없을 정도로 죄송한 마음뿐입니다.

솔직하게 말씀드리면, 연재 기간 동안에도 야구부의 훈련이 없는 경우가 태반이었고, 게다가 야구부의 전력에도 눈에 띄는 변화가 없어서 글 쓰는 걸 중단할 생각도 자주 한 게 사실입니다. 그러나 아오키 감독

에게 물으면 내가 알지 못하는 곳에서 뭔가가 일어나고 있는 것 같은 생각이 들었습니다. 혹시나 해서 보면 역시나 변화는 별로 느껴지진 않았습니다.

그런데 아오키 감독의 말은 제게 늘 신선하게 다가왔습니다. 거기서부터 한 줄기 희망이 보이기 시작했습니다. "희망은 지성에서 나온다." 아오키 감독이 제게 그것을 가르쳐 주었습니다. 그리고 학생들의 진지한 자세! 서툰 것과 굳이 씨름하려는 그들을 보면서, 저는 취재하는 사람으로서의 초심을 다시 떠올리게 되었습니다. 내게 날아온 공, 즉 말(言)은 제대로 잡아야만 했습니다. 가이세이고 야구부원들이 앞으로도 부디 건강해서, 사회에서도 큰 활약을 펼치기를 저도 진심으로 응원하겠습니다.

제가 처음으로 가이세이고 야구부를 만난 때는 『Number』(2007년 4월 26일호, 문예춘추) 취재를 할 무렵이었습니다. 『메이저리거로 산다』라는 특집호에서 마쓰자카 다이스케나 스즈키 이치로 등을 다룬 지면과 나란히, 가이세이고 야구부 탐방 기사인 「강자의 병법」 게재를 담당하고 있던 편집자 가토 아키히코 씨에게 감사의 뜻을 전합니다.

이 책은 『소설신쵸(小說新潮)』에 연재(2011년 7월호~2012년 1월호, 4월호)된 「우리들의 이론」을 수정 보완한 글입니다. 그런데 처음에 이 연재는 「당원생활」이라는 기획에서 나왔습니다. 일본의 정당정치가 이제 슬슬 한계에 다다르고 있는 건 아닌가라는 생각을 하고 있던 저는, 그 무렵 민주당, 자민당, 공산당, 사민당 등의 당원이 되어서, 당원이 되면 대체 삶이 어떻게 변하는지를 추적해보고자 했습니다. 그 구상은, "어떻게 될지 짐작도 못하겠지만, 어디 한번 해 보자"라는 데까지는 진척되었습니다. 그런데 막상 결정을 하는 자리에서 그 구상이 흐지부지 없었던 얘기가 되고 말았습니다. 그 때 제가 "사실 가이세이고 야구부가 말이죠"라고 말을 꺼냈는데, 연재 기사를 담당하는 구즈오카 아키라 씨와 자료를 담당하는 이마이미즈 마사토시 씨가 눈을 반짝이며 "어, 그게 재미있을 거 같네요!"라고 하는 것이었습니다. 그래서 갑자기 기획 아이템이 확 바뀌게 된 겁니다. 저는 잠시 할 말을 잃었습니다. 하지만 세상의 미래를 생각할 수도 있다는 점에서는, 차세대를 담당할 가이세이고의 야구부원들을 취재하는 게 훨씬 발전적이라는 생각이 들었습니다. 이제 와서 보면 두 사람의 즉석 결단에 뭐라 감사의 말씀을 드려야 할지 모르겠습니다.

이번에도 원고는 제 아내인 에이미가 검토했습니다. 야구를 좋아하지 않는 아내로부터, "볼넷? 이건 뭐죠?"라는 질문을 받을 때면, 저 역시도 야구의 원점으로 돌아가서 말 하나하나를 다시 따져 묻곤 했습니다. 아내에게도 고맙다는 말을 전합니다. 이런 저간의 사정을 포함해서 야구에 흥미를 느끼지 못한 분들도 재미있게 읽어주셨으면 좋겠습니다.

다카하시 히데미네

무엇을, 왜, 어떻게 배울 것인가?

기아, 넥센, 두산, 롯데, 삼성, 에스케이, 엔씨, 엘지, 한화(가나다 순). 우리나라 최고 인기 프로스포츠인 프로야구 아홉 개 팀 이름이다(참고로 2015년에는 케이티가 제10구단으로 참여한다).

가나다순으로 적은 까닭은, 이 글을 쓰는 시점인 2014년 브라질 월드컵이 한창인 7월 현재 팀 성적으로 나열하자니 하위 팀을 응원하는 사람들의 마음이 편치 않을 것이고, 한국시리즈 우승 트로피를 가장 많이 들어 올린 팀으로 하자니, 신생팀을 응원하는 사람들이 성을 낼 수도 있겠다 싶어서이다. 가나다순을 제외하면, 이름이 열거되면 대부분은 어떤 차이(!)를 느끼기 때문이다. 그래서 한글을 아는 사람이라면 딱 보면 아는 데에도 굳이 '가나다순'임을 밝힌 것이다.

이 경우, 프로야구를 좋아한다면 본인이 좋아하는 팀의 이름이 다른 팀들의 것보다 먼저 나오길 바랄 것이다. 특히 라이벌 팀보다는 항상 그 이름을 앞에 두고 싶은 마음이 크다. 물론 최다 연패 기록 같은 것을 제외하고서 말이다.

모르긴 몰라도 둘 이상이라면 어떤 식으로라도 순서를 매기려는 유혹을 떨치기 쉽지 않다. 이는 곧 1등과 꼴찌를 '만들어낸다'는 얘기일 터. 게다가 프로스포츠는, 알파벳순으로 음악인의 이름을 나열하면 (조금 과장해서) 거의 매번 세 번째 안에 드는 그룹 ABBA의, '승자독식(The Winner Takes It All)'의 냉엄한 세계이다. 기록경기임을 강조하는 야구는 '수많은 데이터'를 재료로 삼아 별의별 랭킹쇼 퀴즈를 만들어 애호가들의 흥미를 조장해낸다. 이게 다 순서 매기기의 산물이다.

하지만 1등이라 해도 영원하진 않을 것이다. 영원한 우승 후보는 없다. 이번 월드컵 소식을 접하면서 새삼 그것을 확인할 수 있었다. 마찬가지로, 꼴찌가 꼴찌만 하란 법도 없다. 작품으로 세상을 널리 품었던, 지금은 고인이 되신 소설가의 글제목이 떠오른다. "꼴찌에게 보내는 갈채." 어쨌거나, 말이 그렇지. 순서에 어디 희비만 엇갈릴까. 순서 매기기는 힘의 세기, 곧 권력 서열의 결과이겠다 싶은 생각까지 들 정도다.

스포츠처럼 온갖 부문에 걸쳐 '순위 매기기'가 펼쳐지는 곳이 바로 지금의 교육 현장이다. 몇 명이나 대학에 진학시켰으며, 그중에서도 이른바 상위권 대학 진학은 몇 명이나 되는지. 대학 진학을 앞둔 학생을 둔 한국의 학부모라면 수많은 '순위 매기기' 결과를 수도 없이 찾아봤을 것이다. 물론 입시 열기가 우리나라에만 해당되는 사회현상은 아닐 것이다. 일본의 경우도 만만치 않다. 그들 역시 상급학교 입시에서 가장 큰 관심사 중의 하나는 어느 고등학교가 최고의 대학에 얼마나 많은 학생들을 진학시켰는가이다.

이 책의 주 무대가 되는 가이세이고등학교(開成高等學校)는, 저마다 최고를 놓고 다투는 입시 경쟁 환경에서도 1982년부터 2014년까지 33년 동안 일본 제일의 대학인 도쿄대학에 가장 많은 합격생을 배출한 고등학교다(위키백과 자료 2014년 7월 30일 접속). 특정 분야에서 30년 이상을 1등의 자리를 놓치지 않는 것도 찾기 어려운 얘깃거린데, 게다가 그것이 일류 대학 진학률이라면 이것만으로도 취재거리가 될 것이다.

가이세이고 학생들은 공부를 어떻게 하는지, 특목고는 아닌지, 교과목 담당 교사들이 모두 족집게 강사 출신들은 아닌지. 혹시 쉬는 시간이 없는 건 아닐까? 스파르타식 기숙사형 학원 분위기일지도 몰라. 예체능 수업 시간은 있기나 할까. 등등.

그런데 이 학교 야구부가, 고시엔(甲子園: 갑자원) 대회로 잘 알려진, 일본 전국고등학교야구선수권 본선 대회 진출을 눈앞에까지 두었다고 한다면, 이 역시 옛날 말로 핫 토픽 감이 아닐 수 없다. (우리나라의 고교야구에 조금이라도 관심이 있다면, 일본의 고시엔 대회를 한번쯤은 들어보았을 것이다. 우리나라에서도 1982년 프로야구가 출범하기 전까지 전 국민의 사랑을 받았던 스포츠가 바로 고교야구였다.)

고시엔 대회는 1915년 처음 열린 후로, 2015년이면 만으로 100년이 되는 일본 최고의 스포츠 행사로, 매년 8월에 2주 동안 열린다. 경기는 현재 일본 프로야구 한신 타이거스 팀의 홈구장인 고시엔 구장에서 펼쳐진다. 지역 예선을 통과한 고교 팀들이 이 고시엔 구장에서 본선 대회를 치루는 것이다(1924년 이후로 지금까지 이 구장에서 치러오고 있다). 아사히신문과 일본 고등학교야구연맹이 공동으로 주관하며, 마이니치신문이 후원한다. 지금까지 최다 우승 학교는 일곱 번이나 우승한 주쿄대학부속중고교다.

고시엔 대회에는 일본 전역에서 4,000개 이상의 고등학교가 지역 예선에 참가한다. 경기 방식은 토너먼트로, 한 번이라도 지면 그것으로 '끝'이다. 4,000개가 넘는 학교에서 49개의 학교만이 본선에 진출하니, 산술적으로 80 대 1의 높은 경쟁률을 뚫어야만 한다. 이런 경쟁 환경에서도 공부밖에 모르는 가이세이고 야구부가 지역 예선 결선을 통과할 뻔했다. 다시 말해 2005년 고시엔 대회 지역 예선인 동동경 대회 16강까지 올랐던 것이다.

"공부 잘하기로 유명한 학생들이 야구까지?"

이런 궁금증을 가슴에 안고 인기 논픽션 작가인 다카하시 히데미네가 가이세이고 야구부의 일거수일투족을 발로 뛰며 건져낸 취재 결과가 바로 이 책이다. 저자는 일본의 저명한 비평가인 고바야시 히데오(1902~1983)의 출생 100주년을 기념해서 제정된 고바야시 히데오 상의 2011년 수상작가로(수상작 『조상들은 어떤 분?』), 문단에서도 인정받은 글쟁이다. 고바야시 히데오 상은 시와 소설을 제외한 단행본을 대상으로, 일본어 표현이 '풍성한' 작품에서 수상작을 선정한다. 저자는 2012년에는 이 책으로 일본의 유명 스포츠용품 회사가 후원하는 '미즈노 스포츠 라이터 우수상'을 받기도 했다.

저자는 공부만 잘하는 학생들이 운동은 어떻게 하는지 그저 바라만 보고 있지만은 않는다. 저자는 최대한 학생들의 눈높이에 자신의 시선을 맞추려고 다가선다. 입시에 실패해 재수한 일이나, 여학생을 곁눈질로 처다 보던 기억(청소년 시절을 거친 남성들이라면 누구나 한번쯤은 있을 추억이겠다. 어디 그게 그 시절뿐이랴) 등등. 우리식으로 하면, 국·영·수 잘하는 아이들이 대체 이해가 안 된다는 자신의 속내를 솔직하고 재미있게 풀어낸다.

가이세이(開成) 학생들은 저마다의 개성(個性)을 살리는 데 소홀히 하지 않는다. 그들이 공부와는 전혀 상관없어 보이는 야구에 열정을 쏟는 모습은 이를 방증한다. "역시 공부 잘하는 애들은 뭐든 잘 해"라고 저자가 머리 좋은 아이들을 대놓고 칭찬하는 것으로 생각할지도 모르겠다. 해석은 독자들이 몫이다. 하지만 어찌 보면 우스꽝스럽기까지 할, 학생들의 배움의 '자세'까지 꼬투리를 잡기는 어려울 것이다. 여기에는 '잔머리'를 굴리지 말라는 야구부 아오키 감독의 고함도 톡톡히 한 몫한다.

글을 옮기면서 옮긴이의 머릿속을 떠나지 않은 단어는 '배움'[學]이었다. 공부밖에 몰랐고 공부만 할 줄 알았던 학생들이 새삼 야구를 통해서 자신에게 부족한 것을 찾아 배워나가는, 창의적인 발상과 그 실천의 모습을 보면서, '배움'을 다시금 생각했다.

무엇을 배우고, 어떻게 배울 것인가. 공자의 말씀을 기록한 『논어』에 나오는 두 개의 '學[배움]'이 생각났다(깊은 뜻풀이는 잠시 뒤로 하고 그 대강만을 음미한다면).

하나는, '배우고 때로 익히면 또한 기쁘지 아니한가(학이시습지 불역열호學而時習之 不亦說乎)'(「학이(學而)」편)이다.

다른 하나는, '배우기만 하고 생각하지 않으면 얻어지는 게 없고, 생각만 하고 배우지 않으면 위태롭다(학이불사즉망學而不思則罔 사이불학즉태思而不學則殆)'(「위정(爲政)」편)이다.

굳이 비유하자면, 한자에도 알파벳처럼 대문자와 소문자의 구분이 있어서, 「학이」편의 '學'이 영어로 치면 대문자로서의 '배움'(살아가는 데 놓지 말아야 할 '배움 그 자체')이라면, 「위정」편의 '學'은 소문자로서의 '배움'(현실에서의 구체적인 배움)이라고 하면 어떨까 싶다.

이 책의 주인공인 야구부원들도 이 '배움'을 끊임없이 고민한다. 그들은 규칙을 숙지하고 곧이곧대로 하는 보통의 야구선수들과는 다르게, 야구에 담긴 철학 비슷한 것까지 이해하고서는 그것을 자신의 것으로 만들기 위해 쉼 없이 생각하며 훈련에 몰두한다. 그리고 그 결과를 다시 피드백하는 것이다.

가이세이고 야구부를, 분명 고교야구계의 '듣보잡'이나 '넘사벽'까지는 아니겠지만, 독특한 개성으로 똘똘 뭉친 사회의 조직으로 생각하면서 책장을 넘겨나간다면, 조직을 관리하는 데에 나름 신선한 자극을 얻

옮긴이의 글

게 하는 건 이 책의 또 다른 미덕이다. 그런 의미에서도 야구부 아오키 감독은 좋은 본보기이다. 아울러 입시 명문고에 입학하고 도쿄대학으로 진학하는, 어찌 보면 실패의 경험이 없어 보이는 주인공들에게 야구를 통해 좌절의 의미를 짚어주는 대목에서는, 개성 만점의 가이세이고 야구부원을 지지하는 저자의 온기를 덤으로 느낄 수 있다. 배움의 기회를 준 어바웃어북에게 감사의 뜻을 전한다.

뭘 배울까? 근데 어떻게 배우지? 아니지, 그걸 내가 왜 배워야 하는데? 살아가면서 이렇게 한번쯤 생각해본 사람들에게 일독을 권한다.

2014년 한여름에
허강

끝나야 끝난다
「弱くても勝てます」開成高校野球部のセオリー

초판 1쇄 발행 | 2014년 9월 12일

지은이 | 다카하시 히데미네
옮긴이 | 허강
펴낸이 | 이원범
기획 · 편집 | 김은숙, 홍승희
마케팅 | 안오영
표지 · 본문 디자인 | 강선욱
일러스트 | 김성규
펴낸곳 | 어바웃어북 *about a book*
출판등록 | 2010년 12월 24일 제2010-000377호
주소 | 서울시 마포구 서교동 394-25 동양한강트레벨 1507호
전화 | (편집팀) 070-4232-6071 (영업팀) 070-4233-6070
팩스 | 02-335-6078

ISBN | 978-89-97382-30-9 13320

작품이, 당신의 삶에 말을 걸다
명작을 읽을 권리
| 한윤정 지음 | 16,000원 |

■ 문화체육관광부 선정 '우수 교양 도서'
■ 네이버 '오늘의 책' 선정

책과 영화를 종횡무진 누비며 숨어 있는 명작을 찾아내고 왜 이 작품이 명작으로 불리는지를 알려 주는 '나만의 명작독법'에 관한 지침서. '작품', '작가', '사회(배경)', '독자'라는 네 가지 키워드를 통해 이 시대의 매력적인 작품들을 만난다.

거장들의 자화상으로 미술사를 산책하다
자화상전
| 천빈 지음 | 정유희 옮김 | 20,000원 |

■ 한국출판문화산업진흥원 선정 '청소년 권장 도서'

자화상의 아버지로 불리는 뒤러에서부터 다빈치, 라파엘로, 홀바인, 루벤스, 렘브란트, 고흐, 마네, 뭉크, 피카소에 이르기까지 거장 111명의 자화상 200여 점으로 한 권의 책 안에서 전람회를 연다! 독자들은 이 책을 통해 거장들의 인생과 미술사의 흐름을 꿰뚫어 보게 된다.

그들의 기타가 조용히 흐느낄 때
더 기타리스트 The Guitarist
| 정일서 지음 | 28,000원 |

1950년대부터 2010년대까지 대중음악계를 이끈
마에스트로 기타리스트들이 들려주는 저릿한 감동과 열정

재즈와 블루스의 태동, 록큰롤의 폭발, 프로그레시브 록으로의 진화, 하드 록과 헤비메탈 등 더 강한 비트 경쟁, 그리고 펑크와 모던 록의 탄생에 이르기까지 대중음악의 역사를 주도했던 주인공은 다름 아닌 기타리스트들이었다. 이 책은 장고 라인하르트와 로버트 존슨 등 기타계의 레전드에서 시작해 티본 워커, 비비 킹 등 초기 거장들과 지미 헨드릭스, 지미 페이지 등 7,80년대 기타 영웅들을 거쳐, 조니 그린우드, 존 메이어 등 21세기 신성에 이르기까지 100여 명 기타리스트들의 삶과 음악을 통해 대중음악의 역사를 조명했다.

이성과 감성으로 과학과 예술을 통섭하다

미술관에 간 화학자

| 전창림 지음 | 18,000원 |

- 과학교육기술부 선정 '우수 과학 도서'
- 한국출판산업문화진흥원 선정 '이 달의 읽을 만한 책'
- 네이버 '오늘의 책' 선정 · (사)행복한아침독서 '추천 도서'

미술은 화학에서 태어나 화학을 먹고사는 예술이다. 미술의 주재료인 물감이 화학물질이기 때문이다. 또 캔버스 위 물감이 세월을 이기지 못해 퇴색하거나 발색하는 것도 모두 화학작용에서 비롯한다. 명화는 화학자 손에 들린 프리즘에 투영되어 그동안 어느 누구에게도 들키지 않았던 흥미진진한 속내를 비로소 드러낸다.

일상공간을 지배하는 비밀스런 과학원리

시크릿 스페이스

| 서울과학교사모임 지음 | 16,000원 |

- 교육과학기술부 선정 '우수 과학 도서'
- (사)행복한아침독서 '추천 도서' · 네이버 '오늘의 책' 선정

과학교육의 최일선에 있는 여덟 명의 교사가 과학의 눈으로 파헤친 물건의 속사정. 나사, 냉장고, 자동차, 3D영화 등 일상생활 속에서 찾을 수 있는 흥미로운 과학원리를 쉽게 풀어낸 이 책은, 교과서 각 단원에 흩어져 있던 낱낱의 개념과 원리를 통합적으로 이해할 수 있게 한다.

별 하나에 낭만, 별 하나에 과학

별 헤는 밤 천문우주실험실

| 김지현, 김동훈 지음 | 강선욱 그림 | 20,000원 |

- 한국출판문화산업진흥원 선정 '이 달의 읽을 만한 책'

가장 간단한 실험으로 만나는 가장 심오한 우주! 커피와 우유를 섞는 순간 은하가 탄생하고, 헤어드라이기로 드라이아이스에 바람을 쏘이는 순간 혜성이 나타난다. 베일에 싸인 신비로운 우주를 간단한 실험을 통해 눈앞에 생생하게 펼쳐놓는다.

기업 경영에 숨겨진 101가지 진실

| 김수헌, 한은미 지음 | 16,800원 |

특종 발굴의 명수 경제전문기자와 베스트 애널리스트가 파헤친
기업 공시, 회계, 금융, 주가에 얽힌 속내

셀트리온 공매도 세력 죽이기 작전, 최대주주가 참여하지 않은 유상증자
의 검은 내막, '알박기' 1년 만에 두 배 수익 극동전선 유상감자의 마술,
신준호 회장 대선주조 '먹튀' 사건의 전모, LG유플러스 자사주 소각…….
140개의 열쇠로 기업 경영과 주가의 비밀을 푼다!

지도로 포착한 부의 대이동
세계 경제권력 지도

| 송길호, 김춘동, 권소현, 양미영 지음 | 22,000원 |

■ 문화체육관광부 선정 '우수 교양 도서'
경제 지축을 놓고 벌이는 국운(國運)을 건 경제권력 전쟁이 시작되었다!

경제권력 전쟁에서 처참히 패배한 유럽! 그리스, 이탈리아, 스페인을
무너뜨린 붕괴의 도미노는 어디를 향하고 있는가? 시진핑의 '양극화 처방'
은 중국 경제에 '재앙'을 몰고 올 것인가? 세계 도처에서 일어나는 변곡의 순
간을 150여 개의 지도와 인포그래픽, 일러스트로 포착한 이 책은 경제권력이
이동하는 좌푯값을 구하는 나침반이 되어줄 것이다.

위기를 조장하는 이코노미스트들의 위험한 선택
샤워실의 바보들

| 안근모 지음 | 16,000원 |

정부와 중앙은행의 위험천만한 화폐 실험이
경제를 통제 불능의 괴물로 만들고 있다!

중앙은행은 시장을 지배하는 신(神)이기를 자처했고, 시장은 그러한 신의
계시를 맹목적으로 따랐다. 그 결과 시장은 거품과 붕괴, 인플레이션과 디
플레이션이 끝없이 반복되고 있다. 국내 유일의 '중앙은행 관찰자'(central
bank watcher)로 불리는 저자는 정부와 중앙은행에 대한 비판적인 시각을 견
지하며 금융위기 이후 주요국의 재정과 통화 정책, 그리고 경제를 한 편의
다큐멘터리처럼 생생하게 재연하고 있다.

그래픽으로 파헤친 차이나 파워의 실체

중국 업계지도

| 김상민, 김원, 황세원, 강보경 지음 | 23,000원 |

전 세계 기업의 숨통을 움켜쥔 중국,
중국 경제와 중국 산업에 대한 가장 생생한 라이브 중계!

세계 초일류 기업을 셀 수 없이 많이 보유한 나라 중국, 만리장성을 넘어 전 세계를 장악한 중국 기업의 모든 것을 분석한다! 휴대폰, 자동차, 반도체, 디스플레이, 철강, 기계, 조선, 석유화학, 엔터테인먼트 등 40여 개 업종의 글로벌 시장과 중국 시장의 현황, 그리고 그 속에 포진해 있는 중국 기업과 한국 기업의 고군분투가 그래픽을 만나 한층 실감 나게 전달된다.

유망 창업과 투자처, 시장의 흐름을 포착하는 나침반

대한민국 유통지도

| 한국비즈니스정보 지음 | 22,000원 |

대한민국 1,000만 예비창업자와 600만 자영업자
그리고 각계 비즈니스맨들이 꼭 알아야 할 산업별 유통 혈맥

시장의 가격은 수요와 공급이 아닌 유통이 결정한다. 유통은 시장의 흐름을 포착하는 나침반이자 사업의 성패를 좌우하는 열쇠이다. 이 책은 농·축·수산물, 가공식품, 의약품·패션, 가전, 휴대폰, 자동차, 에너지에 이르기까지 우리 생활에 밀접한 56가지 아이템을 선정하여 생산에서 판매, 소비에 이르는 유통의 모든 과정을 그림으로 일목요연하게 풀어냈다.

숨겨진 가치주가 한눈에 보이는

2014 스몰캡 업계지도

| 정근해, 손세훈 外 지음 | 22,000원 |

국내 굴지의 대기업들을 글로벌 리더로 만든
진정한 킹메이커이자 히든 챔피언
우량 중견 기업들에 관한 투자 해부도

고성장이 기대되는 33개의 유망 산업을 선별하고, 각각의 업종이 어떻게 돌아가는지를 한눈에 보여주는 산업구조도(밸류 체인)를 통해 '숨어 있는 강소기업'을 찾아 분석한 투자해부도. 해당 업종의 국내외 시장을 전망하고 비즈니스맨들이 꼭 알아야 할 이슈를 다양한 인포그래픽으로 설명하고 있는 이 책은, 업종별 대표기업과 유망기업(스몰캡기업)을 뽑아 그들의 경영 실적과 지분 상황 및 시장점유율까지 면밀히 살핀다.